La peste negra

Un apasionante recorrido por un gran acontecimiento de la Edad Media

© Copyright 2024

Todos los derechos reservados. Ninguna parte de este libro puede ser reproducida de ninguna forma sin el permiso escrito del autor. Los revisores pueden citar breves pasajes en las reseñas.

Descargo de responsabilidad: Ninguna parte de esta publicación puede ser reproducida o transmitida de ninguna forma o por ningún medio, mecánico o electrónico, incluyendo fotocopias o grabaciones, o por ningún sistema de almacenamiento y recuperación de información, o transmitida por correo electrónico sin permiso escrito del editor.

Si bien se ha hecho todo lo posible por verificar la información proporcionada en esta publicación, ni el autor ni el editor asumen responsabilidad alguna por los errores, omisiones o interpretaciones contrarias al tema aquí tratado.

Este libro es solo para fines de entretenimiento. Las opiniones expresadas son únicamente las del autor y no deben tomarse como instrucciones u órdenes de expertos. El lector es responsable de sus propias acciones.

La adhesión a todas las leyes y regulaciones aplicables, incluyendo las leyes internacionales, federales, estatales y locales que rigen la concesión de licencias profesionales, las prácticas comerciales, la publicidad y todos los demás aspectos de la realización de negocios en los EE. UU., Canadá, Reino Unido o cualquier otra jurisdicción es responsabilidad exclusiva del comprador o del lector.

Ni el autor ni el editor asumen responsabilidad alguna en nombre del comprador o lector de estos materiales. Cualquier desaire percibido de cualquier individuo u organización es puramente involuntario.

Índice

INTRODUCCIÓN 1
CAPÍTULO 1: ORÍGENES Y PROPAGACIÓN DE LA PESTE NEGRA 2
CAPÍTULO 2: SÍNTOMAS Y PROGRESIÓN 13
CAPÍTULO 3: LUCHAS MEDICINALES MEDIEVALES 18
CAPÍTULO 4: EUROPA DURANTE LA PESTE 30
CAPÍTULO 5: EL PAPEL DE LA RELIGIÓN EN LA ÉPOCA DE LA PESTE NEGRA 41
CAPÍTULO 6: LA PLAGA DESAPARECE 49
CAPÍTULO 7: CONFIGURAR EL CURSO DE LA HISTORIA EUROPEA 59
CAPÍTULO 8: AVANCES CIENTÍFICOS TRAS LA PESTE NEGRA 67
CAPÍTULO 9: CONSECUENCIAS ECONÓMICAS Y SOCIALES 80
CONCLUSIÓN 89
VEA MÁS LIBROS ESCRITOS POR ENTHRALLING HISTORY 92
BIBLIOGRAFÍA 93
FUENTES DE IMÁGENES 98

Introducción

Mientras el mundo comienza a salir de la reciente pandemia, a muchos les costaría imaginar una enfermedad más mortal. Sin embargo, allá por el año 1300, una pandemia conocida como la peste negra comenzó a extenderse por Asia, Europa y el norte de África, y para muchos, su contagio fue fatal. Aunque se desconoce el número oficial de muertos, algunas estimaciones llegan hasta los doscientos millones de vidas perdidas.

Este libro cubrirá lo que se sabe sobre los orígenes de la peste negra, así como la forma en que se extendió por varios continentes. A continuación, hablaremos de cómo la peste negra sigue afectándonos hoy en día y de cómo el mundo se ha adaptado a ella. Porque, sí, ¡esta enfermedad mortal sigue ahí fuera! Pero siga leyendo porque hay algunas buenas noticias junto con todas las malas.

Acompáñenos entonces en un viaje de más de setecientos años a una época llena de peligros y de lucha por la supervivencia. Descubra el perdurable espíritu humano en los tiempos más difíciles. No será un periodo histórico fácil de examinar, ¡pero merecerá la pena!

Capítulo 1: Orígenes y propagación de la peste negra

Aunque los conocimientos sobre la peste negra eran limitados en el momento de su propagación, ahora se sabe que fue causada por una bacteria (forma singular de bacteria) conocida como *Yersinia pestis* (*Y. pestis*). Aunque la peste negra asoló Europa a mediados del siglo XIV, no fue hasta 1894 cuando un médico y bacteriólogo llamado Alexandre Yersin descubrió la bacteria específica que causaba la peste. Originalmente, la bacteria era conocida como *Pasteurella pestis* y finalmente fue rebautizada con el nombre de Yersin tras su muerte. Aunque puede que a muchos de ustedes no les haga mucha ilusión que una bacteria mortal lleve su nombre, ¡para muchos científicos es un inmenso honor!

Había otro científico trabajando duro para descubrir el origen de la peste negra casi al mismo tiempo que Yersin. Este investigador era Kitasato Shibasaburo, un bacteriólogo japonés. Aunque Kitasato descubrió los orígenes, Yersin suele llevarse el mérito, ya que su informe fue más exhaustivo. Sin embargo, algunos académicos atribuyen a ambos hombres el mérito del descubrimiento. Gracias a su arduo trabajo, somos capaces de comprender cómo se propaga esta enfermedad mortal.

Y. pestis es una bacteria con forma de bastón. Cuando un virus entra en nuestro cuerpo, lo primero que hace nuestro sistema inmunológico es enviar a nuestras células de defensa, también conocidas como macrófagos, para que se deshagan del intruso. Sin embargo, las toxinas de la Y. *pestis* son tan agresivas que nuestras células de defensa no tardan en ser derrotadas, lo que permite a la bacteria multiplicarse con desenfreno.

Ahora, antes de entrar en cómo la peste negra puede pasar tan rápidamente entre la gente, vamos a sumergirnos en algunos de los términos que verá mucho en este libro.

Las dos más comunes son la «peste negra» y la «peste bubónica» o, para nuestros propósitos, simplemente «peste». Ambas se refieren a la misma enfermedad, pero la peste bubónica es un poco más científica. Aunque entraremos más en detalle en los síntomas específicos en el próximo capítulo, lo que necesita saber es que la bubónica se refiere a la inflamación de los ganglios linfáticos. Estos se encuentran con mayor frecuencia en las zonas del cuello, las axilas y la ingle.

La peste es una enfermedad bacteriana con síntomas graves, como fiebre e infección torácica. Existen tres tipos de peste: bubónica, septicémica y neumónica. En este caso, la peste negra comenzó generalmente como una peste bubónica que luego se transformó en uno o ambos de los otros tipos de peste.

El término peste negra comenzó a utilizarse tras observar cómo la piel de muchas personas se volvía negra a medida que empeoraba su infección.

Tanto la peste negra como la peste bubónica se utilizarán a lo largo de este libro. Otros nombres que se han utilizado a lo largo del tiempo incluyen la muerte negra, la Pestilencia y la Gran Mortandad. Es probable que no utilicemos ninguno de esos nombres, pero siempre es interesante ver cómo cambian los nombres a lo largo del tiempo.

Aunque mucha gente cita a las ratas como las propagadoras de esta violenta enfermedad, tras muchos estudios se determinó que la culpa era de algo aún más pequeño: las pulgas. Estas diminutas criaturas se infectaron con *Y. pestis* y pasarían a infectar a criaturas más grandes, como ratas, ratones, ardillas y conejos, a través de las picaduras. Pero, ¿cómo pasaría entonces el virus a los humanos?

Por desgracia, la peste bubónica es increíblemente contagiosa y puede propagarse de casi todas las formas imaginables. Antes de que un virus pase de un animal a un humano, suele ocurrir algo llamado epizootia. Una epizootia es básicamente un brote de una enfermedad similar a una pandemia o epidemia para los humanos, excepto que ocurre dentro de una población animal. Un ejemplo de epizootia es la encefalopatía espongiforme bovina, más conocida como la enfermedad de las vacas locas. Casi 200.000 vacas han muerto a causa de esta enfermedad, junto con 150 personas.

En el caso de la enfermedad de las vacas locas, los humanos que la contrajeron lo hicieron al comer carne de una vaca infectada, pero hay muchas otras formas de propagación de los virus.

En el caso de la peste negra, una vez muertos los animales más pequeños, muchas pulgas infectadas con la plaga buscaron presas más grandes. Dado que las ratas son tan comunes en las grandes ciudades, era natural que los humanos fueran la siguiente elección. Sin embargo, no solo las picaduras de pulga podían transmitir la enfermedad. Dado que el virus está presente en la sangre y otros fluidos corporales, muchas personas se contagiaron simplemente por manipular animales enfermos. Por ejemplo, alguien podría haber preparado y comido un animal enfermo antes de que mostrara síntomas. O una mascota querida podría haber matado a un roedor y luego haber transmitido la enfermedad a su dueño. Podría parecer obvio mantenerse alejado de alguien que está claramente enfermo, pero para cuando se presentaron los síntomas, podría haber sido demasiado tarde. Además, mucha gente en aquella época no tenía ni idea de cómo se propagaba el virus, por lo que es comprensible que no siempre se tomaran las precauciones adecuadas.

No se conocen los orígenes exactos de la peste negra, pero en general se acepta que se originó en algún lugar de Asia central. A mediados o finales de la década de 1330, había un asentamiento cerca del lago Issyk-Kul, que es un lago de montaña que ahora forma parte del actual Kirguistán. El asentamiento estaba lleno de comerciantes, una profesión que pronto comprenderá que tuvo un papel clave en la rápida propagación de la enfermedad.

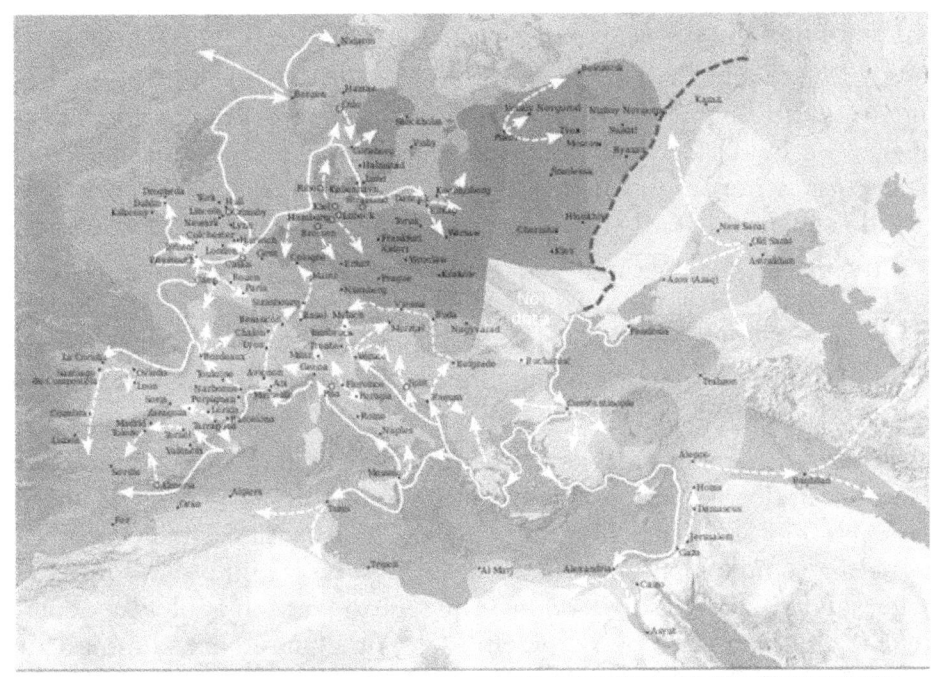

Un mapa de cómo se propagó la enfermedad de 1346 a 1353[1]

Se desconoce cómo y dónde se propagó la enfermedad durante los años siguientes, pero finalmente llegó a Feodosia, entonces conocida como Kaffa, que se encuentra en la península de Crimea, en Ucrania. En general se cree que fue llevada allí por comerciantes mongoles.

Sea cual sea su origen, lo que sí sabemos con certeza es que pudo propagarse tan rápidamente gracias a las rutas comerciales que se extendían por Asia y Europa. Aunque no se ha confirmado, se ha sugerido que los guerreros mongoles catapultaron cuerpos infectados a la ciudad de Feodosia en un intento de derribar a sus enemigos. ¡Una imagen bastante vívida, si es que ocurrió!

Sin embargo, incluso sin cuerpos catapultados, la peste negra sigue pintando imágenes horribles en las que pensar ahora. Desde Feodosia, varios barcos zarparon hacia los puertos mediterráneos. En esta época, la Ruta de la Seda estaba en su apogeo. Las rutas comerciales se entrecruzaban a través de Asia, Europa y el norte de África, cubriendo unas cuatro mil millas de tierra y mar. No es difícil imaginar cómo una red de caminos como esta podría propagar una enfermedad mortal.

En 1347, varios barcos recalaron en el puerto de Sicilia. Hubo otros puertos en los que recalaron barcos con la peste en esa época, incluidos puertos de Francia, España, Gran Bretaña e Irlanda, pero Sicilia es uno de los casos mejor documentados. Lo que descubrieron los sicilianos cuando subieron a bordo de los barcos fue espeluznante.

Muchos de los marineros ya habían muerto y los que aún vivían estaban muy enfermos. Inmediatamente se decidió que los barcos debían volver a hacerse a la mar, pero por desgracia ya era demasiado tarde. La peste negra había llegado a Sicilia, y pronto comenzó a extenderse hacia el interior.

Como comentaremos en el próximo capítulo, el periodo de incubación de la peste negra puede ser largo, por lo que muchas personas fueron contagiosas durante varios días sin siquiera saberlo. Debido a esto, la gente viajaba por las carreteras y a diferentes puertos, contagiando a docenas de personas, que luego pasaron a infectar cientos de ciudades con una rapidez increíble. Y, por supuesto, la comunicación entre las distintas zonas en esta época era lenta, por lo que a veces para cuando una ciudad vecina se enteraba de que la infección se estaba propagando cerca, ya había llegado a su comunidad.

La peste negra continuó diezmando poblaciones hasta 1352, cuando lo peor de la primera oleada comenzó a declinar. Esto no significó en absoluto la erradicación de la enfermedad, pero los niveles de letalidad ciertamente disminuyeron hasta la segunda oleada durante el siglo XVI.

Por supuesto, hubo intentos de limitar la propagación del virus, con porcentajes de éxito variables. Una de las medidas de seguridad más comunes en aquella época es una precaución que todavía se utiliza durante los brotes que se experimentan hoy en día: las cuarentenas.

Una cuarentena es cuando un individuo, una población o una nave entera es puesta bajo encierro con instrucciones estrictas de no abandonar su área designada. Esto se hace con la esperanza de que el contagio no pueda escapar de los confines de la cuarentena, manteniendo así a salvo a los miembros de la comunidad circundante.

Se convirtió en práctica habitual poner en cuarentena a todos los barcos que llegaban a los puertos europeos durante treinta días y, más tarde, cuarenta días. La palabra italiana para cuarenta días es *quaranta giorni*, de donde procede la palabra cuarentena. No se sabe con exactitud por qué se eligió el periodo de cuarenta días, pero existen algunas teorías.

En los textos religiosos, el Diluvio Universal duró cuarenta días, Moisés ayunó durante cuarenta días y, después de que Jesús resucitara, pasó cuarenta días con sus discípulos. Los cuarenta días también podrían haber tenido algo que ver con la teoría de la enfermedad de Hipócrates o incluso con la teoría pitagórica de los números.

Independientemente de por qué se eligió, cuarenta días se convirtieron en el periodo estándar de tiempo para que los marineros estuvieran en cuarentena con la esperanza de limitar la propagación de la enfermedad.

Las poblaciones también aprendieron a tener mucho cuidado con los productos que llegaban en estos barcos. Se sospechaba que la tela, en particular, era uno de los peores transmisores, por lo que se lavaba enérgicamente y se aireaba durante dos días antes de manipularla.

Durante la peste negra, se empezaron a emplear medidas que ahora se conocen como distanciamiento social. Cuando entraban nuevos barcos en los puertos italianos, los capitanes hablaban con los oficiales de seguridad a través de una ventana en una habitación separada.

Por supuesto, estas medidas se aplicaron de forma diferente (era un lugar y una época distintos), y muchas de ellas se basaban en conjeturas sobre cómo se propagaba el virus. Las hipótesis no siempre eran correctas.

Durante esta época, los médicos de la peste eran una imagen común en las ciudades. Estos médicos visitaban a las personas sospechosas de estar infectadas y les prescribían una cuarentena u otra medida de seguridad si estaban enfermas. También podían ser utilizados como testigos en los testamentos, lo que explotó en popularidad durante esta época. Estos médicos repartían una gran variedad de medicamentos diferentes, ninguno de los cuales resultó ser en absoluto eficaz. Aunque hoy en día la enfermedad puede tratarse con un tratamiento de antibióticos, en aquella época no se disponía de ningún tratamiento de este tipo. En su lugar, los médicos intentaban curar la enfermedad utilizando agua de rosas sobre las víctimas o recurriendo a la práctica popular de la sangría. Se pensaba que la sangría, que podía hacerse manualmente o mediante el uso de sanguijuelas, libraba al cuerpo de impurezas y equilibraba los «humores» dentro de los fluidos corporales de una persona. Ahora se entiende que la sangría no hace tal cosa.

Más extraño que la sangría fue el atuendo que vistieron los posteriores médicos de la peste. Aunque estos trajes no se pusieron realmente de moda hasta los siglos XVI y XVII, están tan estrechamente asociados a la peste negra que merecen una mención.

Una imagen de un médico de la peste[2]

El atuendo consistía en unos pantalones largos que se unían a unas grandes botas. Se metían una camisa por dentro de los pantalones y se ponían un abrigo con una capa protectora de cera perfumada. Los médicos de la peste también llevaban un gorro y guantes que solían ser de cuero de cabra, así como un bastón que podían utilizar para pinchar a las presuntas víctimas de la peste.

Sin embargo, la característica más sorprendente de este uniforme era la máscara. Los médicos de la peste no solo llevaban gafas, sino también grandes máscaras con forma de pájaro que les daban un aspecto siniestro. Los largos picos presentaban dos pequeños orificios para respirar.

Aunque ahora se sabe que la peste puede propagarse a través de gotitas transmitidas por el aire, en aquella época, la mayoría de los médicos creían que se debía al mencionado desequilibrio de los humores. Por lo tanto, se pensaba que el brebaje adecuado de flores y hierbas podía evitar la propagación de la enfermedad por las fosas nasales. Por ello, los médicos llenaban sus mascarillas con hierbas y perfumes, creyendo falsamente que el aroma impediría la inhalación de aire envenenado.

Aunque la adición de perfume y los orificios de respiración abiertos claramente no impidieron la propagación de enfermedades, el diseño original de este atuendo encerraba cierta lógica. Los profesionales médicos que trabajan con enfermedades infecciosas suelen hacerlo con atuendos médicos desechables que no permiten que ninguna piel u orificio quede expuesto al aire exterior. En algunos casos, incluso pueden llevar trajes completos para materiales peligrosos. Por supuesto, ahora sabemos que las mascarillas faciales que cubren por completo la boca y la nariz son una de las herramientas más eficaces que tenemos contra los virus transmitidos por el aire, así que tal vez a algunos de los médicos de la peste del pasado les complacería saber que el diseño de su atuendo no era totalmente inútil.

Método Vicary

Un método bastante extraño utilizado para intentar curar la peste negra fue algo inventado por un hombre llamado Thomas Vicary, y ciertamente no es para los débiles de corazón. Aunque se introdujo durante un brote posterior de peste bubónica en el siglo XVI, este método es indicativo de los extremos a los que llegó la gente para combatir esta enfermedad mortal. El método Vicary se empleaba arrancando todas las plumas del trasero de un pollo. Así es; el trasero desnudo de un pollo era una parte esencial de esta supuesta cura. El trasero desnudo del pollo se ataba entonces a uno de los forúnculos del cuerpo del paciente. Ah, ¡y es importante mencionar que todo esto se hacía mientras el pollo aún estaba vivo!

La idea era que el pollo respirara la infección a través de su trasero porque, en aquella época, se creía que los pollos respiraban por esa zona de su cuerpo. Puede parecer ridículo ahora, pero cuando se piensa en el hecho de que estas personas estaban lidiando con una enfermedad que estaba matando a millones a un ritmo acelerado, realmente no se les puede culpar por intentar cualquier cosa que pensaran que podría ayudar.

Una vez que el pollo enfermaba, se retiraba, se limpiaba y se volvía a colocar. Obviamente, ¡este método no consiguió otra cosa que humillar e infectar a un pollo!

Otro intento de frenar la propagación fue el uso de hospitales para enfermos de peste. Estos hospitales surgieron por toda Europa y se utilizaron como centros de aislamiento para los enfermos. Aunque no todos estos hospitales eran agradables, para muchos era un intento de permitir la dignidad de aquellos que se encontraban en el tramo final de su vida y, al mismo tiempo, proteger las vidas de los miembros de la comunidad que los rodeaban.

Por desgracia, los intentos de limitar la propagación no tuvieron mucho éxito. Esto se debió en parte a la limitada comprensión de cómo se propagaba la enfermedad, pero también a que era difícil hacer cumplir algunas de las restricciones. La gente huía de las zonas en cuarentena con la esperanza de escapar del virus, solo para llevarlo, sin saberlo, a otra comunidad.

Varias ciudades empezaron a aplicar penas de muerte a cualquiera que intentara entrar o salir de una zona de cuarentena sin permiso. A los comerciantes eran vistos con especial desdén y a menudo se les prohibía entrar en las ciudades de sus rutas comerciales.

El antisemitismo y la peste negra

El antisemitismo ya campaba a sus anchas en las comunidades cristianas de Europa desde décadas antes de que la peste negra se apoderara de ellas. Se habían dado muchos casos de comunidades judías asesinadas en todo el continente. Sin embargo, hay algunos relatos que recuerdan cómo se acusó falsamente a las comunidades judías de haber sido las responsables del brote de peste. Esta afirmación completamente infundada dio lugar a masacres de comunidades judías en zonas como Alemania y España. Aunque los historiadores difieren sobre los detalles exactos, las pandemias a menudo hacen que ciertas comunidades se enfrenten a persecuciones horribles. Si alguien quiere atacar a un grupo específico, necesita muy poco combustible para su fuego.

Aunque ha habido varias pandemias a lo largo de la historia, ninguna ha sido tan dañina como la peste negra, y eso se debe en gran parte a la velocidad a la que se propagó. Se calcula que el virus recorría entre 1,5 y 6 kilómetros (menos de una milla a casi 4 millas) al día. Esto es aún más increíble si se tiene en cuenta la limitada velocidad del transporte en aquella época.

Al final de la primera oleada de la peste, esta había aniquilado a casi un tercio y posiblemente hasta dos tercios de la población europea. En algunas ciudades, murieron casi el 90% de los ciudadanos. Los ancianos y las personas inmunodeprimidas eran especialmente vulnerables al ataque del virus.

Los supervivientes de la primera ronda de la peste podrían proporcionar una pista de por qué los resultados de las siguientes oleadas no fueron tan graves. Aunque la peste negra siguió teniendo oleadas durante los quinientos años siguientes, el recuento de muertes no fue en general tan elevado. Esto se debe posiblemente a que los antepasados del siguiente grupo de personas afectadas por la pandemia fueron los que pudieron sobrevivir a la primera oleada. Esta escalofriante muestra de selección natural quizá transmitió la capacidad de resistir al virus, lo que podría explicar el menor recuento de muertes en los años siguientes.

Sin embargo, incluso con esta ligera ventaja, el número de muertos por la peste negra fue asombroso. Durante el verano de 1665, la peste se apoderó de Londres, Inglaterra. Durante el mes de mayo, solo murieron 43 personas, pero al final del verano, el virus había matado al 15% de la población de la ciudad. Si ese nivel de devastación fue posible en una sola ciudad durante una oleada menos grave de la pandemia, puede imaginarse lo grave que debió ser en general. De hecho, tras la primera oleada, Europa occidental tardó casi doscientos años en alcanzar el mismo nivel de población que había tenido antes de la pandemia.

Una ilustración de la peste en Londres en 1665 [a]

Capítulo 2: Síntomas y progresión

El periodo de incubación de la peste bubónica suele ser de cuatro a siete días. Sin embargo, los síntomas pueden presentarse en tan solo veinticuatro horas después de la exposición y a veces también pueden esperar a presentarse después de la marca de una semana. Este periodo de tiempo impredecible habría hecho muy difícil para la gente saber quién estaba infectado.

Durante la fase de incubación, *Y. pestis* ataca al sistema inmunológico, pero el organismo intenta defenderse, por lo que no hay signos evidentes de la enfermedad en esta fase.

Uno de los aspectos más aterradores de la peste es lo rápido que pueden aparecer los síntomas. Alguien puede parecer que goza de perfecta salud y al momento siguiente estar mortalmente enfermo.

Fiebre

Las personas que sufrían la peste negra solían tener una fiebre extremadamente alta que parecía surgir de la nada. La fiebre solía ir acompañada de fuertes escalofríos que eran casi imposibles de controlar.

Fatiga

La repentina aparición de la fatiga extrema fue otro indicador de que la peste negra podría estar en camino. A mediados del siglo XIV, muchas personas trabajaban como jornaleros y estaban acostumbradas a jornadas largas y agotadoras. Sin embargo, el abrumador cansancio que les sobrevino como consecuencia de la peste los dejó incapaces de abandonar sus camas.

Debilidad

La plaga tenía el poder de llevar a alguien de una fuerza de nivel olímpico a una ola de agotamiento por el simple hecho de levantar un dedo.

Dolor de cabeza

A menudo, un fuerte dolor de cabeza abrumaba a las víctimas de la peste.

Sensibilidad a la luz

Los infectados por la peste negra se quejaban a menudo de lo intensa que era la luz.

Aspecto inusual de la lengua

Las personas que desarrollaban los síntomas de la peste bubónica solían tener la lengua blanca o hinchada justo antes de que los ganglios linfáticos comenzaran a inflamarse.

Dolores musculares

Aunque nadie de los que contrajeron la peste estaba en condiciones de hacer ejercicio, todo su cuerpo se sentía como si acabaran de someterlo al entrenamiento más agotador imaginable.

Ganglios linfáticos inflamados

La característica más distintiva de la peste negra fue la inflamación de los ganglios linfáticos. Los ganglios linfáticos son filtros que recorren nuestro cuerpo para ayudar a drenar los productos de desecho de nuestro sistema. También contienen células llamadas linfocitos que pueden destruir las bacterias dañinas. Cuando nuestros ganglios linfáticos intentan combatir una infección, a menudo se inflaman. Cuando están hinchados, el ganglio linfático se denomina bubón, que es como recibe su nombre la peste bubónica.

Tenemos ganglios linfáticos en varias zonas del cuerpo, pero las áreas más visibles para producir bultos son el cuello, las axilas y la ingle. Estos bubones no solo se hinchan hasta alcanzar un tamaño incómodo, sino que también pueden hincharse hasta el punto de necesitar liberar algo de presión y pueden empezar a supurar pus y, a veces, incluso sangre.

Estos suelen ser los primeros síntomas que experimentaban las personas infectadas por la peste negra, pero cada infección era diferente. Algunas personas mostraban inmediatamente síntomas más graves. Debido a que no existían tratamientos en aquella época, casi todo el mundo acababa exhibiendo esos síntomas con el tiempo.

Existen tres tipos diferentes de peste. Aunque en este libro utilizamos principalmente el término peste bubónica, los otros tipos, septicémica y neumónica, pueden y suelen ser el resultado de una infección bubónica inicial. La mayoría de las veces, si uno no recibe tratamiento, eso es exactamente lo que ocurriría.

La peste septicémica es la razón por la que esta pandemia se denominó tan a menudo la peste negra. Cuando un paciente llegaba a esta fase, era porque el *Y. pestis se* había multiplicado hasta tal punto que empezaba a apoderarse completamente de su organismo.

Los pacientes con peste septicémica pueden haber empezado en la fase bubónica o haber saltado inmediatamente a esta versión mucho más grave de la peste. En esta fase, el organismo comienza a apagarse, lo que da lugar a la gangrena, que detiene el flujo normal de sangre en el cuerpo, sobre todo en zonas como los dedos de manos y pies. Esto acaba con la piel y los tejidos, dando lugar a un aspecto negro, casi carbonizado, que se presenta en forma de manchas. Una vez que el flujo sanguíneo se ha interrumpido y el tejido ha muerto, no hay forma de revertirlo. Aunque la medicina moderna puede evitar que la peste septicémica progrese, sin ella, la infección probablemente lo matará en 48 horas. La única forma de detener la propagación sin tratamiento es amputando las zonas infectadas.

Por si fuera poco, esta etapa suele venir acompañada de síntomas gastrointestinales graves, como náuseas, vómitos violentos y diarrea.

Tras la fiebre que aparece en las fases iniciales de la peste septicémica, su cuerpo entrará en una fase conocida como sepsis. Mientras que el tejido muerto y ennegrecido es la evidencia externa de esta condición, algo aún peor está sucediendo en el interior. Su cuerpo está trabajando tan duro para combatir el ataque que crea una respuesta inflamatoria interna. Esto no solo interrumpe el flujo sanguíneo a la piel; también afecta al flujo sanguíneo a todos sus otros órganos, como el riñón, el corazón y el cerebro. Incluso en los tiempos modernos, la sepsis puede ser fácilmente mortal o causar problemas médicos de por vida. Durante la Edad Media, no se disponía de ningún tratamiento, por lo que la tasa de mortalidad era muy elevada.

La peste septicémica es una enfermedad increíblemente grave que con frecuencia puede tener desenlaces fatales, pero había otra etapa en la que los pacientes podían entrar conocida como peste neumónica.

Esta, quizá sorprendentemente, es la forma más mortífera de la enfermedad y es la etapa en la que el virus puede propagarse a través de gotitas. La peste neumónica se produce cuando el virus se ha propagado a los pulmones. Aunque todas las etapas de la peste pueden incluir los síntomas iniciales que hemos enumerado, los siguientes síntomas son más específicos de la peste neumónica.

Problemas respiratorios

Las personas a menudo informaban de que les faltaba el aire y tenían la sensación de que no les llegaba suficiente aire a los pulmones.

Dolor torácico

Como el flujo sanguíneo estaba restringido, el corazón tenía que trabajar más de lo debido, lo que podía provocar un dolor agudo o constante en la zona del pecho.

Tos

Los pulmones empezaban a llenarse de líquido, lo que dificultaba la respiración y también provocaba una tos constante. Esta tos era fuerte y dolorosa y a menudo podía producir sangre o mucosidad espesa.

Delirio

Debido a que el virus causaba estragos tan terribles en el organismo, muchas personas acababan en un estado delirante. Se dice que algunos acabarían balbuceando incoherencias en sus últimos momentos en la tierra.

Aunque alguien no tuviera inmediatamente la peste neumónica, por lo general era cuestión de tiempo que llegara a ella, es decir, si una de las otras dos fases no acababa antes con su vida. Sin tratamiento, una persona infectada podía pasar de estar aparentemente bien a morir en cuestión de días. Era una enfermedad rápida y devastadora.

Como la aparición de los síntomas fue tan rápida y los tratamientos distaban mucho de ser perfectos, la peste negra se abrió paso entre las poblaciones como un reguero de pólvora. Los funcionarios de las ciudades pronto se vieron desbordados por los cadáveres y empezaron a deshacerse de las víctimas de la peste en fosas comunes. Muchas de las personas encargadas de manipular a las víctimas acabaron contrayendo ellas mismas la enfermedad.

Una fosa común del siglo XVIII llena de víctimas de la peste [4]

Las muertes podían haber sido rápidas, pero estaban lejos de ser indoloras. La enfermedad se apoderaba rápidamente de todas las zonas del cuerpo, dejando a las víctimas retorciéndose de agonía. Como se sabía tan poco sobre la propagación y en un intento desesperado por evitar que la pandemia empeorara, muchos se enfrentaron al final de sus vidas solos o hacinados en habitaciones llenas de otros miembros enfermos de la población.

La peste siguió asolando Asia, el norte de África y Europa hasta 1352, cuando empezó a disminuir. Aunque no desapareció por completo, fue lo suficientemente tranquila como para que mucha gente pudiera seguir con su vida normal sin demasiado miedo. Sin embargo, menos de una década después, volvió con otra oleada, que duró dos años más. En 1363, se había calmado de nuevo, pero volvió unos años más tarde, en 1369. Probablemente pueda ver un patrón emergiendo aquí.

La peste negra siguió visitando a los ciudadanos del mundo de forma intermitente durante las décadas siguientes. Sin embargo, la segunda gran oleada no se produjo hasta el siglo XVI, cuando una nueva cepa atacó con renovado vigor. La última gran oleada de la enfermedad se produjo en el siglo XIX. Aunque todavía hoy es posible contraer la peste negra, en la última oleada se produjeron algunos avances científicos importantes que la hicieron relativamente inofensiva si se detectaba con la suficiente rapidez.

Capítulo 3: Luchas medicinales medievales

Como ya se ha mencionado, los médicos y el público en general de la época tenían ideas interesantes sobre cómo tratar las enfermedades infecciosas. Pero, por supuesto, no tenían acceso a laboratorios lujosos con microscopios avanzados y los conocimientos científicos de los que disponemos en la actualidad. Por ejemplo, ahora aceptamos la teoría de los gérmenes, la idea de que organismos específicos son responsables de enfermedades específicas. Sin embargo, durante el siglo XIV, no existía un concepto real de lo que eran los gérmenes ni de cómo podía transmitirse una enfermedad de una persona a otra. En su lugar, el público en general creía en algo llamado teoría del miasma.

Se desconoce de dónde procede exactamente la teoría del miasma, pero fue una teoría defendida por un médico griego llamado Hipócrates. Durante las dos primeras oleadas de la peste negra, la idea caló en las comunidades de toda Europa.

La idea detrás de la teoría del miasma era que el aire que olía mal era señal de la presencia de una sustancia venenosa. Si se respiraba este aire venenoso, podía infectar a quien lo respirara. Esta era la razón por la que los médicos acabaron llevando las largas mascarillas en forma de pico llenas de diversos perfumes y flores. Intentaban mantener el miasma fuera. No se comprendían las bacterias, por lo que se creía simplemente que el aire viciado, en general, era malo y debía evitarse en la medida de lo posible.

Curiosamente, aunque la teoría del miasma no era exactamente correcta, sí ayudó a facilitar algunos cambios que acabaron teniendo un impacto positivo en la salud y la seguridad en todo el mundo. Gracias a la teoría del miasma, se empezaron a aplicar medidas de alcantarillado y saneamiento en ciudades y pueblos. Un saneamiento adecuado es un elemento crucial de una sociedad sana, pero se implantó por razones equivocadas debido a la teoría del miasma.

En el caso de la peste bubónica, se decía que muchas víctimas de la enfermedad tenían un olor desagradable, que se creía que era un elemento peligroso para los demás. Sin embargo, no es sorprendente que alguien en las fases finales de la peste tuviera mal olor. Sus órganos se estaban colapsando. Estaban vomitando y tosiendo sangre, y tenían forúnculos por todo el cuerpo que rezumaban pus y sangre. El inevitable olor era probablemente chocante para quien lo oliera, pero no tenía nada que ver con la propagación del virus.

Del mismo modo, durante los periodos en los que se dejaban aguas residuales sin tratar en la calle, muchas personas enfermaban debido a la contaminación de su suministro de agua potable y a cualquier contacto accidental que la gente tuviera con los residuos. El olor, aunque desagradable, no tenía nada que ver con los brotes de enfermedades.

Así que, aunque se sacaron conclusiones erróneas sobre la teoría del miasma, sí ayudó a cambiar algunos ámbitos de la sociedad para mejor. Lamentablemente, sin embargo, el perfume no impidió que nadie contrajera la peste bubónica.

Curiosamente, había otro concepto que se tenía en gran estima durante este periodo de tiempo, y también puede remontarse a los médicos griegos, incluidos Hipócrates y Galeno. El concepto básico de los cuatro humores, o teoría del humor, es la idea de que el cuerpo contiene cuatro líquidos diferentes: bilis negra, bilis amarilla, sangre y flema. La teoría era que para prevenir la enfermedad, una persona necesitaba mantener todos estos líquidos equilibrados dentro de su cuerpo.

Cada uno de los cuatro humores estaba relacionado con una afección concreta y existían diferentes requisitos sobre la cantidad de cada humor que debía estar presente en el cuerpo de una persona. También se pensaba que los hombres y las mujeres requerirían un equilibrio diferente.

La creencia en la teoría de los humores era tan fuerte que durante el Renacimiento existía incluso una dieta específica que uno podía seguir en un intento de equilibrar sus humores. Lo que resultaba especialmente fascinante de la teoría de los humores era que la gente que creía en ella no reconocía las enfermedades como un ataque al cuerpo que procedía de una fuente externa. En su lugar, se asumía que cualquier tipo de dolencia se debía simplemente a un desequilibrio que podía rectificarse con algún tipo de tratamiento. Por ello, se utilizaban diversos métodos de purga agresivos. Sumerjámonos en los detalles de los cuatro humores y lo que se hacía en un intento de equilibrar el propio cuerpo.

Sangre

En general, se consideraba que la sangre era el humor más importante, lo que, bien mirado, era una apreciación bastante acertada. De las personas que se consideraba que tenían un exceso de sangre se decía que tenían un temperamento sanguíneo. La definición de sanguíneo es alguien generalmente optimista, especialmente en circunstancias difíciles. ¡No es una mala cualidad para tener cuando se afronta la perspectiva de una muerte brutal!

El exceso de sangre se asociaba más comúnmente con la primavera y se pensaba que estaba relacionado con las cualidades de la humedad y el calor.

Aunque la teoría del humor hace tiempo que fue desacreditada, aún persiste la idea de que nuestro cuerpo tiene estos cuatro temperamentos diferentes. Por ello, existen sugerencias específicas para cada grupo de temperamento. Para las personas sanguíneas o con la sangre más pesada, la recomendación es alejarse de los alimentos pesados, como la carne roja y el pan en exceso. En su lugar, se sugiere que coman alimentos ligeros y veraniegos, así como muchas verduras.

La sangría, como ya se ha mencionado, era un tratamiento popular para muchas dolencias en esta época, pero se consideraba especialmente útil para cualquier persona sospechosa de tener demasiada sangre. Había una gran variedad de formas de extraer sangre dependiendo de las preferencias de cada uno o, más comúnmente, de su clase social.

Sanguijuela: Si ya se siente aprensivo, no es de extrañar. El método de la sanguijuela es más o menos exactamente como suena. Los médicos aplicaban sanguijuelas vivas al cuerpo de un paciente y les permitían succionar sangre del paciente (o, quizá más apropiadamente, de la víctima) hasta que se determinaba que habían extraído suficiente para equilibrar los humores. Dado que las sangrías siguieron siendo populares durante tanto tiempo, poseer y distribuir sanguijuelas se convirtió en una profesión lucrativa. A veces podía resultar difícil conseguir sanguijuelas a un precio razonable, por lo que este tipo de sangría se reservaba generalmente a los ricos. Un dato divertido, o quizá repugnante, es que las sanguijuelas pueden beber varias veces su propio peso corporal en sangre. Algunas son capaces de consumir hasta diez mililitros de una sola vez.

Ventosa: Las ventosas no eran tan comunes en aquella época. Se hacían pequeñas incisiones en la piel, a menudo con varias cuchillas pequeñas. A continuación, se calentaba una pequeña taza y se succionaba sobre la piel en un intento de alejar la enfermedad del cuerpo. Esto se hacía a menudo directamente sobre los bubones, ya que eran los síntomas más evidentes de la enfermedad. Cualquiera que haya recibido ventosas hoy en día probablemente pueda imaginar lo incómodo que debió de ser recibirlas.

Venesección: Para quienes no podían permitirse sanguijuelas, la sangría por incisión solía ser el método más común. Esto implicaba un pequeño corte realizado con una lanceta de pulgar o un fleam. Una lanceta es una pequeña hoja de doble filo. Un fleam solía tener varias cuchillas de diferentes tamaños, algo así como la cuchilla que se puede llevar de campamento. Una vez realizada la incisión, se recogía la sangre bajo el punto de incisión con un plato. La incisión se hacía a menudo en una vena muy cerca del pliegue del codo, pero no siempre era así.

Debido a que tantas personas enfermaron durante este periodo de tiempo y a que la comprensión general de las enfermedades era tan limitada, los médicos encargados de administrar estos tratamientos eran increíblemente inconsistentes. En muchos casos, puede que ni siquiera fueran médicos. Por lo tanto, la cantidad de sangre extraída podía variar enormemente, dejando a veces al paciente increíblemente débil y desfalleciendo.

Bilis amarilla

Se pensaba que la bilis amarilla significaba un temperamento colérico. Esto significaba alguien especialmente ambicioso y agresivo, a menudo falto de paciencia. Se asociaba estrechamente con la estación estival.

Curiosamente, la sangría no solo era una solución para lo que se percibía como un exceso de sangre, sino también de todos los humores en general. Se consideraba casi como una cura mágica. Esto es fascinante, ya que lo único que hacía realmente la sangría era debilitar a la persona que la recibía.

Había una variedad de otros «tratamientos» utilizados en un intento de curar la peste y equilibrar los humores, pero dado que a menudo se utilizaban para cualquier desequilibrio percibido, los trataremos después de hablar de los dos humores siguientes.

Bilis negra

Se pensaba que la bilis negra estaba en exceso cuando alguien tenía una personalidad melancólica. Sin embargo, parece difícil imaginar que alguien que sufriera la peste bubónica fuera otra cosa que melancólico.

Se pensaba que la bilis negra significaba que una persona tenía un exceso de sequedad y frialdad en su interior y se asociaba más estrechamente con el otoño, aunque a veces la gente la asociaba más bien con el invierno. Se sugería que una persona con personalidad melancólica comiera más alimentos calientes y cocinados, además de cualquier cosa que pudiera tener un efecto laxante natural.

Flema

Aunque pensar en la flema puede no evocar ninguna imagen apetitosa, alguien con un tipo de personalidad flemático era visto como una persona en realidad bastante sólida y constante. Se les percibía como personas trabajadoras y rápidas a la hora de asumir responsabilidades. Sin embargo, esa cualidad a veces iba en su detrimento.

Las personalidades flemáticas se asocian generalmente con el invierno, y se cree que las personas con un exceso de flema tienen mucha humedad y frío en el cuerpo. Se sugería que los flemáticos comieran dietas sabrosas y saladas con mucho ajo y cebolla. Un método popular para intentar librar a la gente del exceso de flema consistía en incitarlos al vómito.

Hablando de vómitos, ahora que hemos cubierto las teorías predominantes de la época, entremos en más detalles sobre algunos de los tratamientos escandalosos y a veces francamente repugnantes que se proporcionaban a los pacientes. Uno de los tratamientos más extraños tuvo lugar durante una de las últimas oleadas de la peste en la década de 1660.

Aunque Isaac Newton es famoso por haber desvelado las leyes del movimiento y de la luz que aún se aceptan hoy en día, quizá sea tranquilizador saber que incluso los genios tienen algunas ideas muy malas.

En 2020, unas cuantas notas personales de Newton se vendieron en una subasta, y una de ellas presentaba una cura inusual para la peste bubónica. Esto es lo que decía la nota

«El mejor es un sapo suspendido por las patas en una chimenea durante tres días, que al final vomitó tierra con varios insectos dentro, sobre un plato de cera amarilla, y poco después murió. Combinando polvo de sapo con las excreciones y suero hecho pastillas y llevado sobre la zona afectada se alejaba el contagio y se extraía el veneno».

Curiosamente, ¡esta pastilla no era el único remedio con sapos que se recomendaba para ayudar a combatir la peste! Durante este mismo periodo de tiempo, mucha gente empezó a llevar sapos secos alrededor del cuello. Esto se hacía no porque alguien pensara que los sapos eran un bonito accesorio de moda, sino porque creían que las toxinas del sapo ayudarían a extraer las toxinas del cuerpo. Como probablemente pueda adivinar, los sapos no hacían tal cosa.

Sin embargo, los sapos no son los únicos remedios que la gente ha probado. Sumerjámonos en algunos de los otros interesantes intentos que hizo la gente para librarse de la peste negra.

1. Vinagre

El vinagre se hizo muy popular durante la peste negra y a menudo se utilizaba en un intento de alejar la enfermedad. Circulaba una historia popular según la cual cuatro ladrones entraron en una residencia para saquearla después de que sus habitantes murieran a causa de la peste, pero los ladrones, de alguna manera, nunca enfermaron ellos mismos. Se decía que se cubrieron con un tónico de vinagre antes de entrar en la casa y que así pudieron mantenerse sanos.

Existían varias versiones diferentes del tónico de vinagre de los cuatro ladrones y es muy probable que cada persona que lo elaboraba utilizara una variación ligeramente distinta en función de lo que tuviera a mano. Aunque el tónico no es una cura para la peste, todavía hay quienes sienten curiosidad por los ingredientes y lo elaboran porque creen que les será útil de alguna manera (quienes lo utilizan hoy en día creen que aleja el resfriado común; no se han realizado estudios científicos que lo demuestren).

A continuación se enumeran algunas de las hierbas e ingredientes más comunes que puede encontrar. Aunque los beneficios exactos de los ingredientes no se conocían en su época, muchos de ellos tienen, de hecho, algunas cualidades medicinales beneficiosas.

Clavo: El clavo tiene un aroma fuerte y agradable y algunos beneficios antimicrobianos.

Ajo: Cualquiera que haya sufrido alguna vez un resfriado común probablemente haya recibido el consejo de comer un poco de ajo. Se ha utilizado en medicina durante miles de años y a menudo se añadía al tónico de los cuatro ladrones.

Salvia: Ayuda con la inflamación y tiene propiedades antibacterianas.

Tomillo: Puede ayudar a combatir algunas infecciones y es rico en antioxidantes.

Canela: Otro aroma encantador, la canela tiene beneficios antioxidantes y antifúngicos.

En el libro *Aromaterapia*, el químico francés Jean Gattefossé presentó una receta para el tónico:

«Tome tres pintas de vinagre de vino blanco fuerte, añada un puñado de cada uno de ajenjo, ulmaria, mejorana silvestre y salvia, cincuenta clavos, dos onzas de raíces de campanula, dos onzas de angélica, romero y marrubio, y tres medidas grandes de alcanfor. Ponga la mezcla en un recipiente durante quince días, cuélela y exprímala y embotéllela. Utilícela frotándola en las manos, las orejas y las sienes de vez en cuando al aproximarse a una víctima de la peste».

2. Serpientes

Si pensaba que los tratamientos contra la peste acababan con las gallinas, las sanguijuelas y los sapos, ¡piénselo otra vez! Las serpientes se habían utilizado en algunos tratamientos médicos antes de la peste negra, por lo que la idea de utilizarlas no era exactamente nueva. Sin embargo, la forma en que se utilizaron en este contexto fue probablemente molesta para la pobre gente que las recibía.

En aquella época, las serpientes se veían a menudo como criaturas malignas. Eran escurridizas y se movían de forma inusual, y muchas de ellas eran venenosas. Por ello, se pensaba que la maldad de la serpiente podía atraer la maldad de la peste. Así que los médicos cortaban las serpientes en trozos y los colocaban sobre los bubones del paciente. No es exactamente algo reconfortante que le suceda a uno cuando está a pasos de la muerte.

3. Baños de orina y pasta fecal

Resulta que había tratamientos que eran incluso peores que las serpientes troceadas o un trasero de pollo crudo. En aquella época, se creía que la orina tenía poderosas propiedades medicinales, y la gente a veces se bañaba en ella e incluso la bebía con la esperanza de beneficiarse de la poción dorada.

Desde entonces, los científicos han demostrado que la orina no tiene beneficios medicinales, al menos ninguno que no pueda encontrar en una fuente mejor. Aun así, el rumor de que la orina es estéril sigue siendo un mito que persiste hoy en día. Sin embargo, en aquella época, la demanda de orina era a veces bastante elevada. Al igual que con la cría de sanguijuelas, la búsqueda de orina «buena» fue una profesión bastante rentable durante un periodo de la Edad Media.

Ahora bien, si por alguna extraña razón no quería sumergirse en un baño de pis, tenía otra opción a su disposición: una pasta hecha de excrementos humanos.

De forma similar a la teoría de la serpiente, se frotaban heces humanas sobre los forúnculos de una persona con la idea de que eso sacaría la enfermedad. No hace falta decir que eso no solo no funcionaría, sino que muy probablemente haría que la persona muriera más rápido. Además, habría olido asqueroso. Pero, de nuevo, se trataba de personas que vivían en tiempos desesperados, por lo que es comprensible que hubieran estado dispuestas a probar cualquier cosa que pensaran que podría ayudarlos a mejorar.

4. Cebollas

Después de serpientes troceadas y heces, ¡la idea de frotarse cebollas por todo el cuerpo puede no sonar tan mal!

Las cebollas se utilizaban generalmente de forma similar a los últimos métodos, ya que se frotaban contra los forúnculos característicos que se producían al experimentar la peste bubónica. No solo se creía que las cebollas ayudarían a extraer las toxinas, sino que también se pensaba que las cebollas eran un poderoso combatiente del miasma, del que ya hemos hablado antes.

5. Unicornios

Así es, se pensaba que los unicornios eran capaces de curar la peste. Puede que usted esté comprensiblemente confundido, y también lo estaba la gente de la época medieval.

Sabemos que los unicornios en realidad no existen, así que en su lugar, los cuernos que se utilizaban procedían de narvales u ocasionalmente de rinocerontes. Una vez recogido el cuerno, se molía hasta convertirlo en polvo y se mezclaba con agua para consumirlo. Por supuesto, este brebaje solo estaba al alcance de los muy ricos, ya que los unicornios eran notoriamente difíciles de capturar. Algunos decían que solo podían ser capturados por una mujer virgen. Parece muy improbable que algún narval o rinoceronte fuera capturado por jóvenes vírgenes, pero, de nuevo, la gente pensaba que estaba bebiendo el cuerno de un unicornio de verdad, así que es probable que creyeran la historia.

6. Flagelación

Como ya se ha dicho, hubo muchos que creyeron que la peste negra era algo perverso y maligno. Así, tiene sentido que muchos tomaran la plaga como un castigo de Dios por sus pecados. Con la esperanza de pagar por sus pecados, grupos de personas salieron a las calles y se flagelaron públicamente, a menudo con látigos incrustados con clavos.

Por supuesto, esto no hizo nada excepto herir a personas que probablemente ya estaban enfermas.

7. Polvo caro

El polvo de «unicornio» no era la única sustancia cara que se mezclaba en el agua para que la gente la bebiera. Otra poción popular era la hermosa gema brillante que se hizo famosa en *El maravilloso Mago de Oz*: las esmeraldas. Los médicos trituraban las esmeraldas hasta convertirlas en polvo y hacían que sus pacientes lo comieran o lo bebieran. No está claro por qué esto se consideraba una posible cura, pero, de nuevo, esa pregunta podría hacerse sobre muchos de los artículos de esta lista.

8. Polvos baratos

Por supuesto, los polvos mencionados anteriormente tenían un costo y solo estaban disponibles para quienes podían pagarlos. Pero parece que la idea de tomar una bebida en polvo caló en la población en general, por lo que se sustituyeron ingredientes más baratos y de más fácil acceso para aquellos que no podían permitirse una gema o un animal mítico. Ambos tienen una larga historia de uso para diversas afecciones médicas, pero la realidad es que ninguno de los dos desempeña ningún papel en la curación de una persona y podrían tener el efecto contrario. Tanto el arsénico como el mercurio son increíblemente tóxicos y pueden matar muy rápido tras su consumo. Por qué se siguieron utilizando después de que tantas personas murieran poco después de beber estas pociones es una pregunta confusa que no tiene respuesta.

9. Triaca

La triaca era un brebaje muy popular durante la peste negra. Era una receta muy intrincada que requería docenas de ingredientes. Podía utilizarse como una pasta extendida sobre la piel o a veces se mezclaba con un líquido más fino y se bebía como una bebida. Cuando se convertía en líquido, a veces se le llamaba melaza.

Aunque la triaca contenía muchos ingredientes, incluida la alarmante adición de carne de víbora, hay un ingrediente en particular que podría ayudar a explicar su popularidad: el opio. El opio es un analgésico muy conocido, y esta sustancia contenía a menudo altos niveles de la droga dentro de su receta.

La triaca no era solo un producto de la peste; también había sido utilizado por diferentes culturas durante siglos, remontándose hasta Mitrídates VI, que vivía durante el siglo III a. e. c.

De todos los supuestos tratamientos para la peste negra, este es uno de los únicos que pareció proporcionar algún beneficio real. Sin embargo, se cree que la mayor parte de ese beneficio se debió en realidad al efecto placebo. Aunque todavía se habla de la triaca en la actualidad, no se han realizado muchos estudios sobre las recetas originales, por lo que es difícil saber si podría haber ayudado. Sin embargo, aunque solo fuera eso, probablemente ayudó a aliviar el dolor que sufrían las víctimas de la peste, ¡y desde luego debió de oler mejor que las cebollas o las heces!

10. Fuego

Otro método que utilizaba la gente para intentar librarse de las enfermedades era sentarse junto a fuegos extremadamente calientes. Se creía que una persona podía sudar una enfermedad si permanecía junto al fuego el tiempo suficiente o que el calor destruiría el aire infectado. Aunque el pensamiento detrás de esto no era completamente exacto, había un valor definitivo en la idea de combatir la plaga con calor. Hablaremos de ello con más detalle en un capítulo posterior.

Un defensor particular del método del calor fue el papa Clemente VI, que era el jefe de la Iglesia católica cuando se produjo la primera oleada de la peste. Siguiendo el consejo de sus médicos, el papa pasó la mayor parte de sus días en una gran habitación con un fuego rugiente en cada extremo. También se mantenía aislado, esencialmente en cuarentena dentro de una habitación de fuego.

Para el papa, al menos, este método funcionó, y murió por causas no relacionadas en 1352.

11. Aire

Como hemos comentado antes, existía una fuerte creencia en la idea del miasma, y muchas personas intentaron utilizar esa teoría en su beneficio. Era común intentar limpiar el aire de la propia casa utilizando diversas hierbas y perfumes. Algunas personas incluso llevaban flores consigo en todo momento, creyendo que no contraerían la peste si respiraban constantemente un aroma agradable.

Otros tenían la creencia contraria y pensaban que permanecer cerca de olores rancios ayudaría a alejar la enfermedad de ellos. Por ello, podían permanecer junto a aguas residuales o incluso restos en descomposición, creyendo que la peste se vería abrumadoramente atraída por el aire viciado y abandonaría sus cuerpos para buscar el miasma en su lugar.

12. Cuarentena

El único método eficaz para prevenir la propagación de la peste negra en aquella época era la cuarentena. Obviamente, esto no ayudó en nada a las personas ya infectadas, pero separar a los enfermos de los sanos sí contribuyó a limitar la propagación.

El distanciamiento social fue otro método probado de prevención. Sin embargo, tanto la cuarentena como el distanciamiento social fueron recibidos con desdén por muchos. Era habitual que la gente desobedeciera a propósito las órdenes de cuarentena y se trasladara de ciudad o visitara a quienes ya se sabía que estaban enfermos. Esto provocó que muchas más personas enfermaran en comparación con las que habrían seguido las recomendaciones de cuarentena y distanciamiento social.

Este desprecio por las medidas de seguridad pública se ha repetido a lo largo de la historia. A menudo ha dado lugar a cierres extremadamente estrictos y a veces violentos por parte de los gobiernos locales. Aun así, los científicos insisten en que la cuarentena es una medida muy eficaz y útil hasta que la enfermedad en cuestión esté bajo control.

Hubo sin duda otros innumerables tratamientos utilizados a lo largo de los años mientras la peste negra se abría paso por todo el mundo. Pero estos fueron los que gozaron de la suficiente popularidad como para que aún hoy se conserven registros de ellos. Afortunadamente, en los tiempos modernos estamos mucho mejor informados, ¡así que ya nadie tiene que atarse un pollo al cuerpo!

Capítulo 4: Europa durante la peste

Aunque la peste negra estuvo presente en varios continentes, afectó enormemente a Europa. Tras su llegada en la década de 1330, las oleadas de la enfermedad continuaron recorriendo el continente durante cientos de años, matando a millones de personas y dejando muchas ciudades alteradas durante generaciones. Veamos algunos de los cambios más dramáticos que se produjeron durante esta época.

Conflicto

La peste negra tuvo un impacto interesante en los conflictos. Al principio, fue tan abrumadora que provocó una pausa en los conflictos de la época, pero eso pronto se invirtió de forma dramática, dando lugar a una violencia aún mayor de la que se había experimentado anteriormente. Durante la guerra de los Cien Años, los combates tuvieron que detenerse por completo durante un tiempo, ya que el ejército estaba desbordado por las muertes.

Trabajo

Uno de los mayores problemas derivados de la peste negra fue la pérdida de trabajadores. Una de las profesiones más comunes en aquella época eran los obreros que trabajaban en la agricultura. Esto fue antes de que la tecnología moderna redujera enormemente la necesidad de cuerpos físicos para cuidar la tierra, y los trabajadores de la época eran un elemento esencial para la producción de alimentos, así como el cultivo de la tierra y los animales.

Con un número de muertos tan significativo, los terratenientes se encontraron de repente sin nadie que se ocupara de sus granjas, y rápidamente empezaron a entrar en pánico. Pero aquí fue donde apareció un pequeño resquicio de esperanza de la peste negra.

Antes de la llegada de la peste bubónica, los trabajadores del campo eran considerados como algunos de los miembros más bajos de la sociedad. Eran campesinos a los que se pagaban salarios paupérrimos y que a menudo solo ganaban lo suficiente para salir adelante. Sin embargo, la peste lo cambió todo.

Debido a la muerte de tantos trabajadores, los terratenientes ya no tenían la sartén por el mango y los trabajadores serviles ahora podían exigir más. Sin otra opción, tuvieron que proporcionar a sus trabajadores buenos salarios o arriesgarse a perder por completo sus beneficios. La pérdida de vidas también redujo el costo de la tierra y, de repente, los alquileres costaban casi nada.

Esto redujo enormemente el número de personas de la clase campesina y proporcionó a muchas personas que habían sobrevivido a la peste una mejor calidad de vida. Y no solo los terratenientes tuvieron por fin que pagar a sus trabajadores un salario razonable, ¡sino que muchos de ellos tuvieron que ponerse a trabajar ellos mismos! Aunque antes habían despreciado muchos de los trabajos en sus tierras, ya no podían permitirse ser particulares. Ellos también tuvieron que salir a la tierra y ensuciarse las manos.

Sin embargo, este idílico momento de igualdad duró poco. No satisfechos con pagar a sus empleados un salario digno, los terratenientes recurrieron rápidamente a la ley para solucionar sus problemas. Esta cuestión fue especialmente tensa en Inglaterra, donde las leyes impuestas acabaron provocando una revuelta.

En Inglaterra se impulsó un estatuto que seguía los detalles de una ordenanza aprobada en 1349. La ordenanza establecía que cualquier persona menor de sesenta años que no fuera capaz de trabajar de forma privada estaba obligada a trabajar. No solo se les obligaba a trabajar, sino que también tenían que firmar contratos que acordaban pagarles únicamente los salarios que se habían establecido antes de la aparición de la peste negra. Esto significó un rápido retorno a los salarios de miseria que habían sido tan comunes antes de la pandemia. También es importante tener en cuenta que estos salarios no solo eran pobres, sino que además se imponían a personas que muy probablemente realizaban mucho más trabajo del que se les había exigido anteriormente. Los jornaleros siempre habían tenido trabajos extenuantes, pero con la pérdida de tantas vidas, tuvieron que asumir la carga de alguna manera y aún se esperaba que lo hicieran por un salario muy bajo.

Y no es que los trabajadores pudieran simplemente negarse a aceptar el trabajo. La ordenanza exigía que aceptaran el primer trabajo que se les ofreciera y podían ser severamente castigados si se negaban y se quedaban sin empleo. Esto acorralaba a los trabajadores y devolvía el poder a los terratenientes.

Este es un tema común durante las pandemias. Se produce una escasez de trabajadores y los jefes pagan más a regañadientes a sus trabajadores, ya que de repente se reconoce que estos trabajadores llamados «humildes» son en realidad esenciales. Sin embargo, una vez que el pánico desaparece, los responsables hacen todo lo posible por recuperar los beneficios que conceden a sus trabajadores con la esperanza de maximizar los beneficios y llenarse los bolsillos.

Sin embargo, en el caso de la peste negra, el renovado poder de los terratenientes no duró mucho. Las medidas duraron varios años, pero el resentimiento siguió gestándose. Bajo el reinado de Ricardo II, la tolerancia hacia estos sistemas anticuados finalmente se agotó.

No solo se obligaba a los trabajadores a realizar trabajos mal pagados, sino que el rey también había implantado un impuesto de capitación para ayudar a financiar las operaciones militares, y ahí fue donde se acabó la paciencia de la gente. El impuesto era elevado y se llevaba una gran parte de los ya limitados recursos de los trabajadores.

Finalmente, algunos ciudadanos de Inglaterra decidieron no pagar el impuesto. El rey envió recaudadores de impuestos a diferentes pueblos, pero volvieron con las manos vacías. En un intento de mantener su poder, decidió enviar soldados con la esperanza de recaudar los impuestos, pero de nuevo se le negó. Sin embargo, el daño ya estaba hecho y los campesinos estaban hartos.

El 2 de junio de 1381, un grupo de más de sesenta mil personas marchó hacia Londres. Procedían de comunidades de toda Inglaterra y estaban liderados por un hombre llamado Wat Tyler. A medida que se abrían paso hacia la capital, quemaban todos los edificios gubernamentales y documentos oficiales que caían en sus manos. Estaban especialmente interesados en destruir los registros fiscales.

Cuando la multitud se internó en las calles de Londres, la misión se diluyó un poco. Algunos parecían ansiosos por crear simplemente el caos, y estallaron la violencia y las travesuras. Sin embargo, había muchos que aún tenían en mente su propósito inicial, y el rey finalmente accedió a reunirse con Wat.

La reunión fue satisfactoria. El rey Ricardo probablemente se dio cuenta de que no tenía más opciones y accedió a las demandas de los trabajadores. Los dos hombres llegaron al acuerdo de que la multitud se iría a casa. Por desgracia, algunos miembros de la revuelta tenían otros planes.

Mientras Wat Tyler y el rey estaban reunidos, un grupo se dirigió a la Torre de Londres, donde asesinaron con saña al arzobispo de Canterbury y al tesorero. Al enterarse de esto, el rey estaba comprensiblemente aterrorizado, pero accedió a reunirse con Wat una vez más. Esta vez, a la reunión también asistieron los mismos rebeldes que habían cometido los asesinatos en la Torre de Londres, así como el alcalde de Londres, sir William Walworth.

Aunque el rey parecía dispuesto a escuchar las demandas de los rebeldes, el alcalde se puso violento rápidamente y acabó arremetiendo y apuñalando a Wat en el cuello.

Wat fue llevado al hospital, donde fue asesinado. Sin embargo, a pesar del asesinato, el rey acabó accediendo a las nuevas demandas y los rebeldes se dispersaron.

Aunque la revuelta en sí terminó, los campesinos no acabaron consiguiendo lo que esperaban. Si bien el rey acabó eliminando el impuesto de capitación, dio marcha atrás en todas sus demás promesas, y los trabajadores pronto se vieron obligados de nuevo a realizar trabajos mal pagados.

A pesar de que la clase obrera no obtuvo todas las victorias que esperaba, no fue un final completamente infeliz para ella. Como la población tardó tanto en volver a los niveles anteriores a la pandemia, muchos terratenientes se vieron obligados finalmente a pagar salarios más altos por necesidad. Así que, aunque algunos de los rebeldes de la revuelta campesina no llegaron a disfrutar de ello, al menos algunos de sus descendientes sí lo hicieron.

Inflación

Al igual que el mundo experimenta actualmente un repunte de la inflación, lo mismo le ocurrió a la gente que vivía durante y después de las oleadas posteriores de la peste negra. No fueron solo los terratenientes los que tuvieron que hacer frente a un aumento de los costos a causa de la pandemia. Todo el mundo sintió la presión. El comercio, que se había convertido en algo bastante habitual, se convirtió de repente en una ocupación peligrosa. Viajar aumentaba el riesgo de una persona de contraer enfermedades, y no solo eso, sino que muchas ciudades eran increíblemente estrictas a la hora de dejar entrar y salir a los comerciantes. Podían ser condenados al ostracismo o enfrentarse a semanas de aislamiento solo para tener la oportunidad de vender sus productos.

Debido a ello, el precio de casi todo subió, lo que supuso que mucha gente tuviera dificultades para permitirse cubrir las necesidades diarias.

Arte

Cuando a la gente ya no le queda esperanza o intenta discernir un significado en medio de una experiencia inimaginablemente difícil, a menudo recurre al arte. Debido a que la peste negra mantuvo al mundo en sus garras durante tanto tiempo, hubo grandes periodos en los que los artistas tenían constantemente el pensamiento de la enfermedad en sus mentes.

De hecho, tanto el Renacimiento como el Barroco fueron periodos de expresión artística que tuvieron lugar mientras la peste bubónica seguía asolando el mundo. Es un gran testimonio de lo necesario e importante que es el arte, incluso frente a la muerte.

Por supuesto, la religión también era una parte muy importante de la vida durante esta época, y muchos artistas utilizaron su arte para intentar responder a las preguntas que tenían sobre Dios o sobre cómo sería la vida después de la muerte. Algunos incluso utilizaron su arte en un intento de convertir a los pecadores y llevarlos a la iglesia. Después de todo, muchos creían que la peste era un castigo por los pecados de la gente, y se pensaba que si un número suficiente de personas eran buenos hijos de Dios, entonces la enfermedad desaparecería.

Para muchos artistas, su trabajo durante esta época estuvo muy dominado por imágenes de la muerte. Esta es una respuesta natural cuando se experimenta dolor, y el arte se utiliza a menudo como una forma de procesar los acontecimientos traumáticos que uno experimenta. Sin embargo, eso no hace que las piezas en sí mismas sean menos perturbadoras de ver.

Uno de estos cuadros es *Los ciudadanos de Tournai entierran a sus muertos*, de Pierart dou Tielt, un artista belga.

Parte de Los ciudadanos de Tournai entierran a sus muertos [5]

Algunas representaciones de la muerte eran morbosas, pero otras se consideraban humorísticas, al menos en aquella época. Este es el caso de *El triunfo de la muerte* con la *Danza de la muerte*. Esta imagen muestra a varias personas, así como esqueletos, bailando alrededor de la reina de la Muerte. La reina está de pie encima de un ataúd que contiene al papa y al emperador, un recordatorio de que la peste era capaz de matar a todo el mundo, incluso a los ricos y poderosos.

En el cuadro, la gente que baila ofrece a la reina regalos y todo tipo de riquezas, pero ella no los quiere. Lo único que quiere son sus vidas. Aunque ahora pueda parecernos extraño, una reina malvada que nunca podía estar satisfecha era vista como algo entretenido. Sin embargo, también demuestra algo más. En la imagen, los vivos están bailando con los muertos, lo que ofrece la idea de que, aunque esté a punto de morir, debe seguir amando y disfrutando de la vida mientras pueda.

Otro cuadro de nombre similar, pero mucho menos divertido, *El triunfo de la muerte*, de Pieter Bruegel el Viejo, representa la sombría realidad de la peste. En él, se ve un pequeño pueblo que ha sido completamente destruido por la enfermedad. Los cadáveres se esparcen por el suelo, y alrededor del pueblo hay escenas de incendios y barcos abandonados o en cuarentena. Aunque pueda parecer extremo, eso fue realmente a lo que se enfrentaron algunas comunidades. La peste negra mataba con extrema rapidez y, a veces, los cadáveres se amontonaban tan rápido que las autoridades no sabían cómo manejarlo. Eso era, por supuesto, si alguien en una posición de autoridad seguía vivo.

El triunfo de la muerte[6]

Aunque hay varias obras de arte notables que se crearon durante la peste, lo dejaremos pensando en una última pieza. Se titula *La fragilidad humana* y fue pintada por Salvator Rosa en 1656. En ella, Rosa pinta una imagen de su hijo y su amante. La muerte está cerca, acobardada sobre su hijo. Significa la pérdida de su hijo y la brevedad de la vida. Uno solo puede imaginar lo que estos artistas debieron experimentar cuando crearon estas obras.

Aunque muchas de las obras de arte realizadas durante la peste negra eran ciertamente deprimentes, también había muchas que celebraban la alegría de vivir y lo preciosa y fugaz que es. Estas obras proporcionan una mirada a la mente de las personas que vivieron estos tiempos y a lo que debieron pensar.

Las lápidas creadas durante la peste negra también pueden ofrecer una visión de la expresión artística de la época. Mientras que hubo muchos que optaron por figuras pacíficamente dormidas como esculturas sobre sus tumbas, hubo otros que eligieron imágenes mucho más gráficas. Algunos optaron por adornar sus tumbas con una imagen de la propia Muerte. Morboso, sí, pero quizá apropiado dadas las circunstancias.

Antisemitismo

Como ya se ha mencionado, la peste negra dio lugar a una oleada de antisemitismo en toda Europa. Miles de judíos fueron asesinados mediante ataques de turbas o atrincherándolos en edificios o fosas y quemándolos vivos. Aunque muchos historiadores han afirmado que los judíos fueron masacrados porque la gente los culpaba falsamente de ser el origen de la peste negra, hay otros que rebaten esta idea.

Esto se debe a que el antisemitismo ya era rampante en toda Europa, y muchas comunidades cristianas ya estaban ansiosas por librar a sus ciudades o pueblos de aquellos con creencias religiosas diferentes. La persecución contra el pueblo judío ya se venía produciendo desde hacía siglos, por lo que es ciertamente posible que la única razón por la que se relacionó alguna vez la peste negra con la afluencia de crímenes de odio fuera porque se trataba de una excusa conveniente. Una de las mentiras más persistentes sobre cómo el pueblo judío fue responsable de la peste negra fue porque supuestamente habían envenenado pozos, asegurándose de que la enfermedad se propagaría por las ciudades a través del agua potable. Esto, aparte de ser una falsedad flagrante, era también una explicación muy débil e ilógica de los orígenes de la peste. En primer lugar, ¿de dónde habrían sacado la peste para envenenar los pozos?, y en segundo lugar, ¿por qué demonios iban a envenenar la propia agua que ellos mismos tenían que beber? Pero, por supuesto, mucha gente no necesita la lógica para alimentar su odio. Les basta con una pequeña historia.

Aunque los asesinatos de judíos se produjeron en toda Europa, las masacres más concentradas tuvieron lugar en Alemania, un sombrío presagio del genocidio que se produciría allí cientos de años después.

Una imagen de judíos siendo quemados durante la peste negra[7]

Muchos de estos ataques fueron dirigidos por gobiernos e iglesias cristianas. Deseosos de mantener el control de sus comunidades, inventaron terribles mentiras según las cuales los judíos conspiraban contra los cristianos y, por tanto, había que deshacerse de ellos. Se decía que los judíos eran torturados para que dieran confesiones falsas de crímenes que nunca habían cometido como otra forma de «justificar» los ataques contra ellos.

Un término que oirá mencionar comúnmente cuando aprenda sobre los ataques antisemitas durante la peste negra es «pogromo». Un pogromo es una palabra de origen ruso. Se refiere a una turba o disturbio violento que se crea con el propósito expreso de matar o desterrar a un grupo religioso o étnico en particular. Los pogromos se promulgan abrumadoramente contra los miembros de la comunidad judía.

Por supuesto, la comunidad judía se defendió, pero a menudo se vieron superados. En un famoso acto de resistencia, los judíos de Maguncia, Alemania, consiguieron defenderse de la turba que los perseguía. Incluso consiguieron matar a doscientos de sus atacantes. Sin embargo, pronto se vieron desbordados. Al darse cuenta de que se enfrentaban a una muerte segura, optaron por encerrarse en sus casas y prenderse fuego antes que morir a manos de sus atacantes. Más de seis mil judíos murieron allí, y ese fue solo uno de los muchos lugares donde fueron atacados.

En el transcurso de la peste negra, las comunidades judías, que antes de la pandemia contaban con cerca de cuatrocientos miembros en toda Europa, se redujeron a la mitad.

De nuevo, la mayor correlación entre los judíos y la peste negra es simplemente que la peste negra presentó a los cristianos antisemitas una excusa conveniente para que ejercieran su odio. Es muy probable que hubiera mucha gente que tuviera claro que la afirmación de que los judíos eran responsables de la peste negra carecía de validez. Pero mucha gente habría hecho circular la mentira a propósito con el simple deseo de avivar el fuego y animar a más gente a arremeter contra la comunidad judía.

Hubo algunos que intentaron detener los ataques contra la comunidad judía. El papa Clemente VI intentó señalar la irracionalidad de que los judíos iniciaran la plaga por sí mismos. Sin embargo, hubo muchos otros que alentaron las masacres y otros que incluso consiguieron beneficiarse de ello. El Sacro Imperio Romano Germánico estuvo de acuerdo con la masacre de judíos, siempre y cuando recibiera un pago por la venta de todos los objetos personales que se sustrajeron a las familias asesinadas.

Religión

Aunque profundizaremos en el impacto que tuvo la religión durante la peste negra en el próximo capítulo, merece la pena mencionar aquí que las comunidades religiosas en realidad perdieron un poco de poder durante esta época.

Algunas personas aceptaron que la muerte estaba a la vuelta de la esquina y se entregaron a una vida de libertinaje y excesos. Dejaron de preocuparse por las expectativas sociales de la época y en su lugar optaron por pasar los días que les quedaban disfrutando de la bebida y la algarabía.

Hubo otros que perdieron su fe en Dios. A medida que más y más gente caía presa de las manos de la muerte, muchos se cuestionaron su fe y cómo podían amar a un Dios que se preocupaba tan poco por ellos. Incluso si la plaga era un castigo por sus pecados, hubo algunos que sintieron que el castigo había ido demasiado lejos y buscaron consuelo en otras formas de espiritualidad.

Esto hizo que mucha gente se inclinara por la idea del misticismo y las viejas historias populares como forma de intentar dar sentido a lo que ocurría a su alrededor. Aunque la religión aún se mantenía fuerte en todo el mundo, hubo un alejamiento definitivo y una búsqueda de un significado más profundo durante esta época.

Con una pérdida y una alteración de la vida tan tremendas, Europa entró en una situación inestable que duró generaciones. Pasó mucho tiempo antes de que la población se estabilizara, y es muy probable que cualquiera que sobreviviera a la peste bubónica quedara cambiado para siempre. Con tantas muertes, es muy poco probable que no hubiera nadie vivo al que no se le murieran varias personas cercanas. La gente perdió a sus amigos, familiares, funcionarios del gobierno y líderes religiosos. Algunos pueblos fueron aniquilados casi por completo. El alcance total del impacto de la peste negra no puede ser comprendido por aquellos que no la vivieron.

Capítulo 5: El papel de la religión en la época de la peste negra

Había tres grupos religiosos principales en Europa durante la peste negra: Católicos, musulmanes y judíos. Cada religión se vio muy afectada por la peste y la afrontó de formas diferentes. Veamos primero el catolicismo. Ahora bien, por supuesto, el catolicismo es una rama del cristianismo, por lo que en ocasiones podemos utilizar los términos indistintamente. Pero es importante señalar que, aunque todos los católicos son cristianos, eso no significa lo contrario. Sin embargo, la forma de cristianismo más dominante en la época en Europa era el catolicismo, por lo que ese es el término que se utiliza a menudo en este libro.

Incluso antes del comienzo de la peste negra, la Iglesia católica se enfrentaba a algunas dificultades. Aunque muchos asocian la Iglesia con su sede en Roma, a principios del siglo XIV se produjo un importante cambio que alteró los ánimos en varias comunidades.

La iglesia había estado estacionada en Roma durante bastante tiempo, pero en 1309, la situación política allí se había vuelto volátil. Ya se habían producido fracturas dentro de la propia institución, pero una cosa parecía clara: permanecer en Roma no era una opción viable. En su lugar, se decidió que el papa de entonces, Clemente V, se trasladara a Aviñón, Francia. Esto creó bastante revuelo entre las comunidades católicas, especialmente en Inglaterra y Alemania. Se pensaba que el traslado a Francia había dañado la integridad de la iglesia y creado una situación en la que el papa estaba más interesado en los deseos de la monarquía francesa que en las necesidades de la propia fe.

El papado de Aviñón duró bastante tiempo, con siete papas en total residiendo allí, y los problemas que causó no pueden exagerarse. De hecho, fue el traslado a Aviñón lo que finalmente condujo al Gran Cisma (también conocido como Cisma de Aviñón o Cisma de Occidente), que fue cuando tres papas diferentes operaron al mismo tiempo, causando una gran división durante varias décadas.

La peste negra llegó varios años antes de que se produjera el cisma, pero es necesario mencionarla para comprender mejor el tipo de tensión que se estaba cociendo a fuego lento en Europa en aquella época.

Los papas de Aviñón intentaban modernizar la iglesia, pero la peste negra echó por tierra muchos de sus planes. El número de muertos era tan elevado, sobre todo en Roma, que muchos empezaron a sentirse resentidos con la iglesia por sus decisiones.

Los católicos se mantuvieron firmes en su creencia de que la peste negra no solo era contagiosa, sino que también era un castigo por los pecados cometidos. Sin embargo, los musulmanes tuvieron una respuesta diferente.

Observando ejemplos de lo que ocurría en Oriente Próximo, el profesor Michael W. Dols escribió que el sentimiento general era que la peste negra no era el resultado de los propios pecados y que la respuesta a ella era de oración y humildad.

Se celebraron grandes procesiones y ceremonias, y se animó a los miembros de la fe a ser extra piadosos. Curiosamente, parece que los musulmanes no apoyaban la idea de que la peste en sí fuera contagiosa. Sostenían la creencia de que la enfermedad era un regalo y que transportaría a los enfermos al paraíso tras su muerte. Como se pensaba que cada enfermo había sido elegido por Dios individualmente, se consideraba innecesario aislar o poner en cuarentena a una víctima. En cambio, se animaba a los musulmanes a permanecer junto a los enfermos.

Lamentablemente, existen pocas investigaciones sobre cómo se sentía la población judía ante la peste negra o cómo respondieron a ella. Debido a que se enfrentaban a una violencia tan extrema, principalmente a manos de los católicos, la mayor parte de la investigación que existe se centra en su persecución, no en su respuesta a la enfermedad.

Durante mucho tiempo, existió el persistente rumor de que las comunidades judías sufrían menos muertes por la peste que otras comunidades; sin embargo, resulta difícil comprobar los hechos de esta teoría. Se ha sugerido que se debía a las estrictas normas de dieta y limpieza que los judíos debían cumplir por su fe, pero los historiadores han señalado con razón que ni siquiera las normas de desinfección más rigurosas impedirían que las pulgas o los animales propagaran la enfermedad. En cambio, es mucho más probable que se iniciara el rumor de que los judíos no se veían tan afectados por la enfermedad como una forma de seguir alimentando la idea de que, de alguna manera, eran los responsables de la peste negra en primer lugar.

Ahora que hemos cubierto las principales religiones que estuvieron activas durante la peste negra, profundicemos en cómo respondió a ella cada grupo.

El surgimiento del movimiento de los flagelantes

Aunque ya hemos hablado brevemente del movimiento de los flagelantes, lo que no hemos tratado es que la respuesta no siempre fue tan extrema.

De hecho, las respuestas iniciales de los católicos a la plaga no fueron tan diferentes de las de los musulmanes. Aunque sus creencias sobre por qué la peste negra había descendido sobre ellos eran diferentes, ambos grupos redoblaron su compromiso con Dios. Los católicos salieron a las calles y encabezaron procesiones por ciudades y pueblos. Construyeron santuarios a Dios y a la Virgen María, y rezaron continuamente.

Había muchos que creían que ciertos amuletos o encantos eran capaces de mantenerlos a salvo, por lo que no era raro ver a los católicos llevando consigo estos objetos.

Estas procesiones continuaron durante bastante tiempo, incluso después de que se comprendiera que la enfermedad era contagiosa y que pasar demasiado tiempo en grupo era peligroso.

Sin embargo, tras varios meses de procesiones pacíficas, los fieles empezaron a perder la fe en sus iglesias. No podían entender por qué Dios aún no los había liberado de las garras de una enfermedad tan insidiosa y se convencieron de que la iglesia no estaba haciendo lo suficiente. Era necesario hacer algo más drástico. Fue entonces cuando el movimiento de los flagelantes comenzó a ganar tracción.

Al parecer, el movimiento se originó en Austria en 1348, pero pronto se extendió a otras partes de Europa. A pesar de la naturaleza caótica del grupo, sus miembros estaban notablemente organizados.

Alguien sería nombrado líder o «maestro» del grupo, y haría marchar a los otros flagelantes a diferentes pueblos, a menudo terminando su marcha en una iglesia. Este grupo sería a menudo de varios cientos de personas. Durante la marcha, a menudo llevarían largas capas y cruces, pero al llegar a su destino, se despojarían de sus ropas hasta no tener nada que cubriera su mitad superior.

Una xilografía del siglo XV o XVI de flagelantes[8]

En ese momento, comenzaban a entonar cánticos y a rezar fervientes oraciones mientras sacaban látigos que solían estar anudados con trozos de metal. Se golpeaban con los látigos hasta sangrar y finalmente caían de rodillas. Algunos grupos formaban entonces la imagen de una cruz en el suelo mientras el maestro leía en voz alta una carta en la que pedía a los demás miembros de la comunidad que se arrepintieran. También era práctica común que los flagelantes adoptaran posturas que significaban algunos de los pecados aceptados, como el asesinato o el adulterio.

Todo este proceso se repetiría después en la siguiente ciudad. Aunque pueda parecer poco atractivo para muchos, los flagelantes consiguieron hacerse con un gran número de seguidores. Los flagelantes estaban enfadados por lo que consideraban insuficiencias de la iglesia, y esta era su forma de rebelión. Mucha gente también veía el unirse a los flagelantes como una forma de evitar la peste. Sentían que la iglesia no estaba haciendo lo suficiente, y esto era visto como una forma válida de prevención o cura. También había algo atractivo en la organización. El grupo era muy ritualista, y en un mundo que se había vuelto cada vez más caótico, había algo tranquilizador en tener una rutina. No parecía importar que la rutina implicara golpearse brutalmente.

Por desgracia, este grupo no solo se castigó a sí mismo. Aunque creían que la peste negra era un castigo por sus pecados, eso no parecía impedirles culpar a otros grupos por ello. Los flagelantes contribuyeron a la persecución del pueblo judío y de varios otros grupos. Tenían bastante apetito de sangre, y eso era muy atractivo para la gente que tenía mucha ira y ningún otro lugar donde ponerla.

Al principio, la Iglesia opuso poca resistencia a los flagelantes. Aunque sus métodos eran extremos, parecían dar a la gente un propósito y un orden, y al principio no parecía que el movimiento supusiera un desafío a los valores católicos.

Sin embargo, con el paso del tiempo, la iglesia se preocupó cada vez más por la popularidad del movimiento de los flagelantes. Se consideraba que operaba en directa contradicción con lo que la iglesia defendía, y los ciudadanos de varios pueblos y ciudades actuaban a menudo de formas que no eran aprobadas por la iglesia. La gente alimentaba y daba de beber a los flagelantes y los invitaba a sus casas. A veces, incluso se hacían sonar las campanas de las iglesias locales para celebrar la llegada de los flagelantes, un acto que se realizaba en contra de los deseos expresos de la iglesia.

El movimiento de los flagelantes era único en el sentido de que era accesible a personas de todas las clases. Mientras que solo los ricos podían permitirse ciertos tratamientos, como las sanguijuelas o las esmeraldas, cualquiera que estuviera cansado de la fe católica podía unirse a los flagelantes sin costo alguno. Los flagelantes eran la oportunidad de salvación de la gente. Y aunque solo fuera eso, se consideraban un excelente entretenimiento. Al igual que la antigua Roma disfrutaba viendo a los gladiadores combatir, los aldeanos esperaban con impaciencia las emocionantes exhibiciones públicas de canto, danza y violencia durante la Edad Media.

Aunque los flagelantes acabaron cayendo en el caos, al principio tenían una serie de normas estrictas que todos debían cumplir.
1. No bañarse.
2. Ninguna interacción con alguien del sexo opuesto.
3. No cambiarse de ropa, por muy ensangrentados o sudorosos que acabaran.
4. Tenían que haberse flagelado durante ocho horas en un periodo de tiempo determinado.
5. Tenían que pagar una cierta cantidad de dinero para alimentarse cada día.

Algunos grupos también planificaron sus procesiones para que coincidieran con la edad de Jesucristo cuando fue crucificado.

El papa Clemente VI condenó explícitamente el movimiento. Intentó detener sus ataques contra las minorías, pero el apoyo a la persecución de la comunidad judía y otros grupos era demasiado fuerte para que sus objeciones tuvieran algún impacto. Sin embargo, la oposición de la iglesia y la eventual expulsión de muchos de sus miembros fue el principio del fin del movimiento. Un año después de que el papa los denunciara públicamente, su número empezó a disminuir.

La peste negra no fue la primera vez que la flagelación ganó popularidad, ni tampoco la última. Pero el movimiento durante la peste fue probablemente el mayor de su tipo que se haya visto en la historia.

Otra razón por la que el movimiento de los flagelantes pudo ganar la popularidad que alcanzó fue la falta de acceso a las figuras sagradas. Muchos sacerdotes murieron o se vieron obligados a cerrar las puertas de sus iglesias. Y viajar a los lugares de culto se hizo difícil ante tanto caos. Debido a esto, los fieles ya no podían confesar sus pecados a un oído que los escuchara y ser absueltos.

La confesión de los propios pecados es un elemento importante de la fe católica, y la pérdida de esta rutina fue devastadora. La gente empezó a confesarse con médicos o amigos, personas que no podían absolverlos. Y de esta cuestión surgió una sed de algo llamado indulgencias, lo que nos lleva a un elemento sorprendente del impacto de la religión durante la peste negra: el lucro.

No debería ser noticia oír que algunas personas se alegran de lucrarse con la desesperación y la miseria de otras. De hecho, la tragedia puede ser un momento excelente para que personas sin moral hagan algo de dinero.

Las indulgencias eran documentos especiales que perdonaban a la gente sus pecados. Eran repartidas por el papa y normalmente se reservaban a las personas que habían servido a la iglesia de alguna manera, como por ejemplo participando en una cruzada. Sin embargo, debido a las inusuales circunstancias de la peste negra, las indulgencias se convirtieron en una forma de que la gente recibiera el alivio que formalmente solo había podido conseguir en la confesión.

Cualquiera con fondos suficientes empezó a comprar indulgencias a vendedores ambulantes. Algunas indulgencias eran reales y otras no. En cualquier caso, era un negocio rentable.

También hubo una afluencia en la venta de símbolos religiosos, como amuletos, que afirmaban ayudar a proteger al portador de la plaga. Si la persona que vendía estos supuestos artículos protectores formaba o no parte realmente de la iglesia no es particularmente relevante, ya que seguían aprovechándose de las pobres almas que hacían todo lo que podían para protegerse.

Incluso en la muerte, los católicos estaban dispuestos a pagar por la esperanza de una vida mejor después de la muerte. En aquella época, se pensaba que una misa celebrada en su nombre absolvería sus pecados, aunque no hubieran podido alcanzar ese objetivo en vida. Por ello, se puso de moda pagar por celebrar una misa tras la muerte de alguien. Esto era muy lucrativo para los malos actores dispuestos a aprovecharse de la gente y muy duro para los miembros de la iglesia que tenían las mejores intenciones, pero que luego se veían obligados a celebrar múltiples ceremonias cada día.

La búsqueda de beneficios durante este periodo también estuvo presente en las comunidades musulmanas. Moría tanta gente que la sepultura se convirtió en una profesión muy lucrativa, por lo que muchos buscaron específicamente esa línea de trabajo. Sin embargo, no todos buscaban una compensación de los muertos. También había muchos voluntarios en estas fosas comunes que parecían considerar el trabajo como su responsabilidad ante los muertos.

Se hizo habitual que las mezquitas celebraran funerales en masa. El número de muertos era tan elevado que resultaba casi imposible celebrar funerales para un solo individuo a la vez.

Al igual que ocurrió con los católicos, algunos musulmanes también recurrieron al misticismo con la esperanza de responder a algunas de las preguntas imposibles que tenían en torno a la plaga que se había apoderado de sus vidas. Había quienes creían que la peste negra no era obra de Alá, sino el resultado de la deidad maligna conocida como Ahriman, o siervos de la deidad. Debido a esto, también hubo un aumento de la demanda de amuletos y talismanes especiales que esperaban que los protegieran contra este mal.

La religión ha desempeñado un papel importante en las grandes crisis a lo largo del tiempo. Sin embargo, la peste bubónica fue una verdadera prueba para la fe de muchas personas. Para algunos, fue un consuelo, uno de los únicos lugares donde la gente podía sentir que realmente tenían a alguien que velaba por ellos. Para otros, se convirtió en algo que cuestionaron y en lo que finalmente perdieron la fe.

El auge de los flagelantes y la brutal persecución de las comunidades judías pusieron de relieve la oscuridad que también está presente en las religiones más dominantes del mundo. Aunque hubo muchos que buscaron la paz y la bondad en una época tan difícil, hubo muchos otros que persiguieron deliberadamente la violencia y la destrucción, a menudo escudándose en la religión para ejecutar sus deseos.

Aunque muchos cuestionaron su fe durante esta época, el deseo de ser visto favorablemente por su Dios y tener una buena vida después de la muerte parecía ser demasiado tentador para que las masas lo ignoraran. Aunque las instituciones religiosas ciertamente tuvieron su parte justa de dificultades durante esta época, también disfrutaron de enormes beneficios y apoyo. Como sigue siendo cierto hoy en día, hay muchas personas que buscan respuestas en su fe cuando se enfrentan a catástrofes inimaginables.

Capítulo 6: La plaga desaparece

Si bien es cierto que la peste bubónica sigue activa hoy en día, su poder acabó disipándose hasta el punto de ser considerada «desaparecida».

Cuarentena

Una de las herramientas más poderosas utilizadas para combatir la propagación de la peste fue el uso de la cuarentena, que ya hemos tratado con bastante detalle. Pero lo que podría ser un detalle importante a incluir es que se tardó bastante tiempo en poner en marcha medidas de cuarentena en todo el mundo.

Por ejemplo, uno de los primeros casos documentados de cuarentena en un barco ocurrió en 1377 en la ciudad hoy conocida como Dubrovnik. La peste negra ya se estaba extendiendo rápidamente, y la cuarentena allí se puso en marcha independientemente de si alguien a bordo presentaba o no síntomas.

Sin embargo, las cuarentenas no se hicieron comunes en todas partes hasta unos cientos de años más tarde, durante los brotes posteriores de peste. En Inglaterra, las cuarentenas de las residencias personales no se implantaron hasta principios del siglo XVI. Se obligaba a la gente a colgar fardos de heno fuera de sus casas para informar a la comunidad de que estaban enfermos. Cualquiera que tuviera contacto con alguien infectado por la peste negra debía llevar consigo un palo blanco cada vez que saliera de su casa para que los demás supieran que existía la posibilidad de que fuera portador de la enfermedad.

Con el tiempo, se convirtió en una práctica habitual encerrar a la gente en sus casas cuando estaban enfermos. Mientras que algunos lugares simplemente esperaban que la gente siguiera las normas, hubo otras ciudades que adoptaron enfoques mucho más agresivos. Cuando la peste se llevó a gran parte de la población de Londres durante el siglo XVII, la gente se atrincheró en sus casas o fue obligada a ingresar en lugares llamados *pesthouses* (casas de plagas). No importaba si aún había personas sanas dentro de la casa; si una persona estaba enferma, entonces todos serían tratados como si lo estuvieran. Esto era necesario debido a la naturaleza altamente contagiosa de la enfermedad. Y, por supuesto, en aquella época no se disponía de pruebas que pudieran detectar la presencia de la peste negra antes de que aparecieran los síntomas. Sus hogares se mantendrían vigilados y cualquiera que intentara escapar podría enfrentarse a la muerte.

Por supuesto, no se trataba de un sistema perfecto. Muchas personas conseguían salir de las casas en cuarentena sin ser detectadas. Además, aunque se utilizaban guardias armados, no había suficientes para vigilar cada residencia en la que vivía una persona enferma. Así que, como resultado, la enfermedad aún era capaz de pasar a través de las comunidades con bastante rapidez.

Sin embargo, la cuarentena fue sin duda una herramienta poderosa para limitar la propagación de la peste. De hecho, fue tan eficaz que sigue utilizándose hoy en día. Hace tan solo unos años, un crucero que transportaba pasajeros enfermos se mantuvo en cuarentena durante semanas para evitar la propagación de la enfermedad. Muchas personas también se ponen en cuarentena cuando están enfermas, lo que significa que no pueden contagiar enfermedades a tanta gente como lo harían si llevaran una vida normal.

La cuarentena no es solo una medida útil en la prevención de plagas mortales; también puede utilizarse para ayudar a prevenir la propagación del resfriado común. Por supuesto, este tipo de cuarentena no requiere la presencia de un fardo de heno o una cruz en el exterior de su puerta, pero quedarse en casa y no ir a trabajar cuando se está enfermo no solo puede ayudar a curarlo más rápidamente, sino que también ayuda a proteger a sus amigos y compañeros para que no se resfríen también.

Desinfección

La verdad es que no existe una respuesta clara de por qué la peste negra acabó por extinguirse hasta un nivel en el que ya no era una amenaza importante. Sin embargo, existen varias teorías sobre por qué empezó a disminuir tras cientos de años de estragos. Una de las razones más probables es la implantación de sistemas de desinfección en todo el mundo. Echemos un vistazo a los cambios que se introdujeron y cómo repercutieron no solo en la propagación de la peste negra, sino también en la vida en general.

Como recordará, durante muchos años se pensó que la peste negra había sido librada por Dios. También se pensaba que el culpable era el aire maloliente. Por ello, muchas de las medidas generales de salud y seguridad que conocemos ahora ni siquiera estaban en la mente de nadie en la Edad Media. No fue hasta el siglo XVIII cuando se empezó a relacionar la enfermedad con las condiciones insalubres.

Sin ciudades, el mundo podría haber tardado más en darse cuenta de que la exposición a los residuos era peligrosa para la salud. En los pueblos pequeños había menos gente, así que, aunque su actitud hacia los residuos era similar a la de las grandes ciudades, no se acumulaban de la misma manera. Pero a mediados del siglo XIX, la falta de saneamiento adecuado empezaba a convertirse en un problema realmente grave.

Ahora bien, es importante señalar que los distintos países tenían enfoques diferentes sobre los residuos. La antigua Roma y Egipto son dos ejemplos de lugares que habían desarrollado versiones de sistemas de alcantarillado, y algunos de estos conocimientos se mantuvieron a lo largo de los años y se expandieron a otros países. Sin embargo, incluso con algunos sistemas en funcionamiento, no existía ningún sistema que procesara o limpiara las aguas residuales. Por lo general, las aguas residuales simplemente se arrojaban a cualquier fuente de agua cercana.

Este era un problema importante en muchos países del mundo. Las aguas residuales que contenían aguas negras y otras toxinas se vertían en ríos y océanos o, a veces, simplemente se tiraban a la calle. La basura tampoco tenía un método adecuado de recolección y normalmente se abandonaba o a veces se quemaba.

En realidad, no fue hasta que el olor de las ciudades y el número de muertos por diversas enfermedades empeoraron realmente cuando se tomaron medidas para introducir sistemas de saneamiento adecuados. Por supuesto, hubo algunas personas que defendieron el cambio durante mucho tiempo o que fueron decisivas en la creación de algunos de estos sistemas. Echemos un vistazo a una de estas figuras.

Sir John Pringle

Sir John Pringle fue un médico inglés que estudió las enfermedades. Estudió en Inglaterra y en los Países Bajos, y su área de interés particular era la propagación de enfermedades dentro de los hospitales y los campamentos del ejército.

En 1752, publicó *Observaciones sobre las enfermedades del ejército*, que contribuyó a sentar las bases de los sistemas que aún hoy se utilizan en el ejército. Una de sus principales notas fue la importancia de la higienización en los campamentos militares, en particular el uso de instalaciones sanitarias adecuadas y lo crucial que era mantener los campamentos lo más secos posible. Se establecieron sistemas de drenaje y se recomendó encarecidamente que los militares se mantuvieran alejados de los pantanos siempre que fuera posible.

Sir Pringle también fomentó el uso de sistemas de ventilación adecuados en los hospitales. Como recordará, la demanda de una ventilación adecuada ha dominado las noticias de los últimos años. Aunque se han propuesto muchas sugerencias y teorías sobre la salud pública a lo largo de los miles de años que el ser humano lleva en esta tierra, es increíble pensar que algunas de las conclusiones que se sacaron en el pasado siguen resistiendo el paso del tiempo. Ventilar y mantenerse alejado de las aguas residuales siguen siendo dos de las mejores técnicas que pueden ayudar a mantener a salvo a una población en la actualidad.

El trabajo de Pringle también sentó las bases de lo que se conoce como datos de vigilancia sanitaria. Esto rastrea no solo las enfermedades relacionadas con la sanidad y la ubicación geográfica, sino que también examina las enfermedades infantiles para determinar qué individuos o grupos podrían estar más expuestos. Este tipo de datos ha sido decisivo para ayudar a reducir las enfermedades en el ejército.

Hay que entender que no solo la peste negra seguía siendo un problema, sino que había varias otras enfermedades que eran comunes hasta que la higienización adquirió prioridad. Entre ellas estaban la fiebre tifoidea, la tuberculosis, el cólera y la viruela. De hecho, en un momento dado, las cosas se pusieron tan mal que la mitad de los niños de la clase trabajadora de Inglaterra murieron antes de cumplir los cinco años. Mientras que la gente del siglo XIV quizá no disponía de recursos suficientes para estudiar la propagación de las enfermedades, un par de cientos de años más tarde se comprendían mucho mejor. Por ejemplo, las ideas primarias de la teoría de los gérmenes habían sido expuestas por Girolamo Fracastoro en 1546, pero no fue hasta el siglo XIX cuando la idea despegó realmente con una mayor comprensión de las bacterias y de cómo podían causar enormes daños incluso cuando no eran visibles a simple vista. Así pues, un avance en la comprensión científica fue una de las principales razones por las que se hicieron tales avances en la higienización, pero también hubo otra razón: las ciudades olían mal. Realmente mal.

Los residuos y las aguas residuales ensuciaban las calles y los cursos de agua, y los barrios de clase baja estaban superpoblados y sucios. Las tasas de mortalidad y enfermedad eran tan elevadas que la población se veía afectada y muchas personas tuvieron que abandonar el trabajo. Esto fue especialmente evidente durante la Revolución Industrial, cuando la población de las ciudades creció debido a la proliferación de almacenes. Con tanta producción, muchas empresas necesitaban una gran fuerza de trabajo, y miles de personas acudieron a las grandes ciudades en busca de empleo. Si bien esto mejoró la vida de muchos, también obligó a gran parte de la población a vivir en barrios marginales y aumentó enormemente la cantidad de residuos.

Con los avances de la ciencia y la medicina, así como la necesidad cada vez más urgente de mejores sistemas para prevenir las enfermedades, surgió una propuesta de salud pública conocida como la «idea sanitaria».

Durante algún tiempo, la gente había estado examinando el impacto de un saneamiento deficiente en la salud pública, y fue Villerme, un médico de París, quien observó que las clases bajas parecían sufrir enfermedades en tasas mucho más altas que las clases altas. Esto se había descubierto tras muchos intentos infructuosos de averiguar por qué ciertas zonas tenían tasas de enfermedad tan elevadas. Cuando cosas como el clima y la altitud no aportaron nada, relacionó los factores económicos con las tasas de enfermedad y se dio cuenta de que existía una correlación extremadamente fuerte.

Por la misma época, sir Edwin Chadwick, que trabajaba como reformador social, también empezó a estudiar estas cuestiones. Llegó a publicar un informe titulado «Informe sobre las condiciones sanitarias de las poblaciones trabajadoras de Gran Bretaña».

Ahora bien, por desgracia, muchos de estos avances no se hicieron necesariamente para cuidar de la salud de la población en general. Por el contrario, Chadwick señaló que esa enfermedad rampante reducía enormemente la disponibilidad de trabajadores. También se observó que una persona enferma costaba más al gobierno que una sana. Así que, ciertamente, se podría argumentar que las medidas sanitarias que finalmente se pusieron en marcha se hicieron en un intento de proteger el capitalismo y no porque el gobierno se preocupara por la salud de la clase trabajadora.

En cualquier caso, estos informes marcaron un cambio en el saneamiento público. París y Londres fueron los primeros en adoptar estos sistemas mejorados, pero ciudades de todo el mundo empezaron a implantar mejores sistemas de saneamiento a lo largo de los cien años siguientes.

Este momento de la historia supuso una nueva toma de conciencia sobre el importante papel que podían desempeñar los ingenieros en la salud pública. Mientras que gran parte del trabajo relacionado con el tratamiento y la prevención de enfermedades se dejaba en manos de los científicos, eran los ingenieros los que tenían que diseñar y poner en práctica estos intrincados sistemas.

Un elemento fascinante de todo esto es que la ciencia real detrás de muchas de estas ideas aún no era la correcta. El concepto de miasma, que tratamos en el capítulo 3, todavía estaba en boga durante esta época. El propio Chadwick creía en esta teoría. Pero, por supuesto, muchas condiciones insalubres sí olían, así que, aunque el olor no era la causa de la enfermedad, muchas de las estrategias que eliminaban el olor también eliminaban muchas de las bacterias que causaban estas enfermedades.

La «idea sanitaria» tuvo un enorme éxito y redujo drásticamente las tasas de infección. Junto con la introducción de sistemas sanitarios modernos, también se aprobó una serie de leyes. Esta legislación estableció ciertas normas en materia de alcantarillado y eliminación de residuos. También puso requisitos a los propietarios para que proporcionaran ciertos niveles de vida a sus inquilinos.

El éxito de estas ideas ha quedado demostrado a lo largo de la historia. Las personas que viven en espacios limpios, con buena ventilación y una nutrición adecuada, suelen estar más sanas. Las personas que viven hacinadas en zonas empobrecidas o que atraviesan periodos de guerra suelen ser víctimas de enfermedades.

Las ideas de Chadwick no fueron aceptadas de inmediato. Sin embargo, la gravedad de la situación en aquel momento fue suficiente para convencer al gobierno de que las pusiera en práctica. En su informe, por ejemplo, se mostraba que la edad media de muerte de los obreros era de dieciséis años. A los comerciantes les iba un poco mejor. Su edad media de muerte era de veintidós años. Al no disponer de otras soluciones, los gobiernos de todo el mundo empezaron a mejorar el saneamiento y las condiciones de vida. El éxito casi inmediato de estos cambios creó un efecto dominó, y pronto, «estar limpio» se consideró un signo de virtud y éxito.

Aunque el cambio hacia unas condiciones de vida más higiénicas fue sin duda inteligente, este periodo de tiempo creó un problema inusual que aún persiste en la sociedad actual. Se trata de la idea de que la limpieza indica superioridad moral. En algunos casos, la gente cree que la limpieza puede incluso acercarle a uno a Dios. Sin embargo, la idea de limpieza no siempre indica si algo es o no higiénico. Es posible que las personas que viven en la pobreza no siempre dispongan de los recursos necesarios para lavarse correctamente o lavar su ropa. También es posible que no puedan limpiar o reparar sus casas y negocios tan bien como alguien con un nivel impositivo más alto.

Sin embargo, esta diferencia de aspecto no significa que el individuo con menos dinero sea incapaz de mantener una correcta gestión de los residuos, que es realmente lo más importante en términos de prevención de enfermedades.

Sin embargo, se ha discriminado injustamente a las personas que no son capaces de mantener los estándares de limpieza que se han convertido en una señal de moralidad. Se trata de un cambio de mentalidad bastante fascinante con respecto a cientos de años antes, cuando la gente se sentía más que cómoda esparciendo heces o poniéndose traseros de pollo desnudos por todo el cuerpo.

Avance de la teoría de los gérmenes

A medida que avanzaba el siglo XIX, se produjeron muchos avances científicos que ayudaron a dar forma al curso del tratamiento y la comprensión de las enfermedades. Uno de los descubrimientos más cruciales de esta época fue el de Louis Pasteur, químico y biólogo francés. Pasteur estudiaba los alimentos y las bebidas y examinaba las posibles razones por las que se estropeaban, aunque no les hubiera pasado nada visible.

Tras un tiempo de estudio, llegó a la conclusión de que la causa debían ser microorganismos, bacterias demasiado pequeñas para que el ojo humano pudiera verlas sin la ayuda de un potente microscopio. Como ya habrá adivinado, fue gracias a él que la pasteurización es una práctica común hoy en día. La pasteurización ha salvado innumerables vidas y ha prolongado la vida de los alimentos para personas de todo el mundo.

Pasteur ayudó a sentar las bases para comprender el origen de la peste negra. Sin este conocimiento, nunca se podría haber desarrollado un tratamiento, y todavía podríamos estar lidiando con continuas oleadas de la enfermedad.

Por supuesto, las oleadas de la pandemia eran mucho menos graves en la década de 1800 que cuando llegaron por primera vez a las costas europeas allá por 1337, pero eso no significa que la peste negra hubiera desaparecido. Seguía siendo responsable de cobrarse innumerables vidas, y cualquier avance acercaba al mundo un paso más para acabar con ella de una vez por todas.

Inmunidad

Hay un último elemento sobre la desaparición de la peste negra que merece la pena mencionar antes de cerrar este capítulo. Se trata del tema de los sistemas inmunitarios y su papel en la disminución del impacto de la peste.

Es un tema que se ha estudiado, pero dado que las peores oleadas de la peste negra ocurrieron hace tanto tiempo y que ha habido tantos cambios desde entonces, es difícil sacar conclusiones definitivas. Sin embargo, el tema de la inmunidad sigue siendo digno de mención cuando se habla de la peste negra y de la enfermedad en general.

A excepción de algunos trastornos diferentes, el cuerpo humano suele estar formado por 23 pares de cromosomas (lo que hace un total de 46). Dentro de estos cromosomas se encuentran nuestros genes, que están formados por ADN. Nuestros genes son básicamente pequeños manuales de instrucciones para nuestro cuerpo. Determinan nuestros rasgos, como el color de nuestros ojos y el tamaño de nuestra nariz. Pero también determinan cómo responde nuestro cuerpo a las enfermedades y a los factores ambientales.

La peste negra es increíblemente agresiva. Antes de que hubiera tratamientos disponibles, había una probabilidad muy alta de que cualquiera que la contrajera muriera en tres días. Pero hubo algunos que sobrevivieron a la enfermedad. Y hubo otros que nunca la contrajeron, a pesar de que estuvieron expuestos a ella en múltiples ocasiones. ¿A qué se debe esto?

Una idea es que las personas que evitaron o sobrevivieron a la peste negra podrían haber tenido variantes genéticas específicas que los protegieron contra la enfermedad. Una variante también puede denominarse una mutación que puede producirse en un gen. Estas mutaciones pueden transmitirse por línea familiar, lo que significa que las generaciones futuras pueden nacer con una inmunidad natural contra algo como la peste negra.

Se trata de un fenómeno que se conoce como selección natural. Se ha estudiado ampliamente en poblaciones animales. Aunque a mucha gente le gusta prescribir la idea de la «supervivencia del más apto» a situaciones como esta, en realidad no tiene nada que ver con la aptitud. Esto se ha demostrado muchas veces cuando el mundo se ha enfrentado a otras pandemias. Las personas que no tenían antecedentes de enfermedad, hacían ejercicio con frecuencia y llevaban una dieta sana eran a menudo tan susceptibles a la enfermedad como las personas que no seguían regímenes tan estrictos de dieta y forma física. Por supuesto, la situación es muy diferente para las personas que ya tienen una discapacidad o un sistema inmunológico comprometido.

La selección natural es algo que ocurre porque las personas nacen con determinados genes. Además, el hecho de que una persona pueda tener una variante genética que la proteja de forma natural contra la peste bubónica no significa que esa misma variante pueda protegerla de cualquier otra enfermedad. Solo depende de si ciertas mutaciones son útiles para proteger contra la bacteria específica presente en la enfermedad que prevalezca en ese momento.

Recientemente, dos científicos, el Dr. Hendrik Poinar de la Universidad McMaster de Canadá y el Dr. Luis Barreiro de la Universidad de Chicago de Estados Unidos, se propusieron investigar exactamente este tema. Consiguieron acceder a los restos de quinientas personas que vivieron antes, durante y después de la primera oleada de la peste negra en Europa, en el siglo XIII. Obtuvieron la mayoría de las muestras en cementerios de Inglaterra y unas pocas en lugares de Dinamarca. Sus conclusiones finales se extrajeron de las muestras de doscientas personas.

La forma en que se llevó a cabo esta investigación fue observando variantes específicas que parecían haber aumentado o disminuido drásticamente después de que la peste negra arrasara la zona. El Dr.

Poinar y el Dr. Barreiro acabaron observando cuatro variantes de interés. Tras una investigación más profunda, descubrieron que había una variante en particular localizada cerca del gen ERAP2, responsable de la producción de una proteína que ayuda a que una proteína patógena se rompa en trozos más pequeños. Esto ayuda entonces al sistema inmunitario a ser más eficaz a la hora de notar las infecciones. Las personas que tenían dos de esta variante específica tenían aún más posibilidades de combatir la infección. Esto se debió a que los macrófagos (un tipo de glóbulo blanco que puede eliminar microorganismos y ayudar a mantener un sistema inmunitario sano) atacaban mejor a la bacteria que causó la peste negra (*Y. pestis*) con el apoyo de la variante.

Aunque la variante en cuestión parecía ayudar a proteger contra la peste negra, también tenía su lado negativo, ya que creaba un riesgo elevado de padecer la enfermedad de Crohn. También había otra variante que parecía ofrecer una mayor protección contra la peste negra, pero esa variante también venía acompañada de un gran riesgo de padecer dos tipos de enfermedades autoinmunes. Así que, aunque las poblaciones afectadas por la peste negra podrían haber desarrollado una mayor resistencia a ella con el paso de las generaciones, la selección natural podría significar que gran parte del mundo también se volvió más propenso a acabar padeciendo ciertas enfermedades autoinmunes.

Quedan muchos interrogantes sobre por qué y cómo desapareció la peste negra, pero eso suele ocurrir con las pandemias horribles y desconcertantes que entran y salen de nuestras vidas. Lo que sí sabemos es que la peste remodeló el curso de la historia y dio lugar a algunos cambios sociales perdurables con efectos positivos.

Capítulo 7: Configurar el curso de la historia europea

No hay forma de saber cómo habría sido el mundo si la peste negra no hubiera existido. En cambio, todo lo que podemos hacer es observar todos los cambios que se produjeron como consecuencia de ella.

Uno de los mayores cambios derivados de la peste bubónica fue la modificación de los sistemas de clases. Aunque ya hemos hablado con cierto detalle sobre la mano de obra afectada por la peste, hay algunos términos que aún no hemos tratado. El trabajo es una de las áreas más estudiadas de este periodo de tiempo, y lo que ocurrió como resultado de la escasez de mano de obra sentó las bases para las disputas laborales que aún hoy se producen de forma similar. Entremos en algunos términos que debería conocer.

Sistema feudal

El sistema feudal, o feudalismo, estuvo vigente en Europa durante siglos. Comenzó en algún momento del siglo VIII y siguió siendo un sistema poderoso hasta el siglo XV. Aunque este sistema comenzó a disminuir alrededor de esa época, ¡siguió vigente en algunas zonas durante otros cuatrocientos años!

Este sistema se instauró para proporcionar a la clase alta una forma de ejercer y conservar su poder. Bajo el sistema feudal, las parcelas de tierra, conocidas como feudos, se prestaban a un arrendatario. Sin embargo, en lugar de limitarse a pagar un alquiler (que sin duda también era un requisito), se esperaba que quien ocupara la tierra cumpliera las órdenes del terrateniente. Esto podía significar una amplia gama de servicios. Una razón importante para el desarrollo del sistema feudal era garantizar que un ejército lo suficientemente fuerte estuviera preparado. Quien ocupaba un feudo estaba obligado a participar en cualquier operación militar que se le exigiera.

Este sistema creó un enorme desequilibrio en la sociedad. En lugar de que las leyes fueran establecidas por un gobierno elegido, casi todo el poder se puso en manos de los señores particulares a cargo de los feudos. Ellos tenían el poder supremo sobre la gente que estaba por debajo de ellos.

Ahora, puede que se pregunte por qué algunas personas dentro del sistema feudal simplemente no podían ir y venir a su antojo. Por desgracia, no era tan sencillo. Definitivamente había algunas personas que estaban en una posición lo suficientemente cómoda como para decidir si querían o no pagar una renta más alta o intercambiar servicios por la tierra en la que vivían. Este intercambio a veces se da incluso hoy en día. Alguien puede ser administrador de un edificio a cambio de un alquiler gratuito u ofrecerse a hacer reparaciones o algo de jardinería a cambio de una reducción del alquiler. Sin embargo, al final del cambio estaban los siervos.

La servidumbre era el nivel más bajo del sistema feudal. Era cuando la gente nacía en estas parcelas de tierra específicas o se les pagaba salarios tan extraordinariamente bajos que no tenían ninguna esperanza de progresar en el mundo. Por ello, estaban atados para siempre a los señores propietarios de la tierra y se les obligaba a realizar cualquier trabajo que se les exigiera, aunque fuera completamente irracional.

Este era el sistema que estaba en vigor cuando la peste negra llegó por primera vez a puerto. Los siervos no estaban técnicamente vinculados a una persona, pero sí a la tierra. Cultivaban sus propios alimentos y productos de primera necesidad, pero estaban obligados a entregar la mayor parte de su cosecha a su señor. Los señores también determinaban cómo gestionaban la tierra y dónde molían su trigo.

No solo el trabajo que realizaba un siervo estaba determinado por su señor, sino también todo lo demás. Los siervos no podían abandonar su zona de residencia ni cambiar de ocupación a menos que recibieran permiso de su señor. No solo eso, sino que ni siquiera podían casarse con alguien de su elección a menos que su señor lo aprobara. Generalmente, la única esperanza de libertad de un siervo era la huida.

Los señores eran notoriamente brutales y no solían ser conocidos por su compasión.

Una vez que la población obrera se redujo, el sistema feudal empezó a derrumbarse y las clases bajas comenzaron por fin a obtener los ingresos que merecían. Por supuesto, hemos cubierto el resto de eso en un capítulo anterior, pero ahora usted sabe más sobre las condiciones exactas a las que los terratenientes intentaban obligar a la gente a volver.

El fin del sistema feudal fue uno de los mayores cambios derivados de la peste negra. Lamentablemente, la explotación de los trabajadores continúa hasta nuestros días, pero la revuelta campesina ayudó a deshacer parte del poder que antaño tenían los terratenientes. Hoy en día, la mayoría de los lugares donde antes imperaba el feudalismo tienen ahora normas estrictas contra la servidumbre y otorgan mucho más poder a los trabajadores. Francia, en particular, es conocida por tener una cultura obrera bastante sólida. Este podría no haber sido el caso en la actualidad si la peste negra nunca hubiera ocurrido.

Mujeres

Aunque la peste negra comenzó hace cientos de años, sigue generando un increíble interés entre los historiadores. Sin embargo, la documentación de la época ha sido a veces difícil de adquirir, y ha habido muchos desacuerdos sobre diversos temas. Uno de esos temas es cómo afectó la peste negra a la vida de las mujeres.

Durante mucho tiempo se sostuvo la idea de que los años que siguieron a la primera oleada de la peste negra fueron conocidos como los «años dorados» para las mujeres. Esto se debió a que tantas mujeres, que tenían muy pocos derechos antes de la pandemia, se encontraban de repente en posición de mantenerse a sí mismas y acumular sus bienes. Con tantos trabajadores muertos, los terratenientes inevitablemente estarían dispuestos a recurrir a cualquiera para conseguir trabajo, incluso si eso significaba emplear a mujeres.

Sin embargo, aunque sin duda es cierto que debió de haber más puestos de trabajo disponibles tras la primera oleada, no se deduce que los terratenientes acudieran a las mujeres. Y si lo hicieron, parece probable que a las mujeres les tocara el extremo corto del palo.

En aquella época, era habitual que muchos trabajos se realizaran con contratos a corto plazo. Esto podía significar un contrato semanal o incluso algo tan corto como un día. Estos contratos eran generalmente más lucrativos que los contratos anuales que ataban a un trabajador a un puesto y a menudo implicaban alojamiento. Mientras que muchos hombres buscaban trabajo a corto plazo para obtener un salario más alto, parecía que las mujeres tendían a acabar en contratos fijos que les daban menos dinero y menos libertad.

Las razones exactas de esta diferencia entre trabajadores masculinos y femeninos no están claras, pero podría deberse a la preferencia social establecida por los trabajadores masculinos y a la incertidumbre de si el trabajo a corto plazo estaría disponible de forma constante o no. El trabajo anual podría haber pagado menos, pero al menos podría proporcionar seguridad a una mujer cuya posición ya era precaria.

Por supuesto, es probable que algunas mujeres acabaran en mejor posición que otras tras la llegada de la peste negra, pero no parece haber muchas pruebas que sugieran que esto ocurriera en un número lo suficientemente grande como para haber supuesto una gran diferencia para las mujeres a largo plazo. Esto se ve respaldado por el hecho de que los derechos de las mujeres permanecieron bastante inalterados durante muchos años, incluso después de que el impacto de la peste negra comenzara a disminuir. Pero aún no lo sabemos todo sobre lo que ocurrió durante esa época. Así que es bueno imaginar que algunas mujeres vieron un beneficio después de tanta oscuridad.

Sin embargo, hay un ámbito de la vida de la mujer que sí experimentó un cambio positivo debido a la pandemia, y fue la cuestión de la herencia.

Antes de la peste negra, era muy inusual que las mujeres pudieran poseer tierras. La mayoría de las leyes sucesorias dictaban que la tierra y otros bienes solo podían dejarse a un hijo varón. Si no se había producido ningún hijo varón, entonces la herencia pasaba al siguiente pariente masculino más cercano.

Sin embargo, como durante la peste negra murió tanta gente, se hizo imposible funcionar con el mismo sistema de herencia. Debido a ello, muchas mujeres acabaron siendo propietarias de tierras por primera vez. No solo eso, sino que algunas de ellas pudieron poseer y dirigir sus propios negocios e incluso tener cierto poder de decisión sobre con quién decidían casarse.

Sin embargo, estas nuevas libertades no duraron para siempre. Una vez pasado el pánico inicial de la plaga, muchos gobiernos e instituciones religiosas empezaron a recuperar los derechos que habían concedido temporalmente a las mujeres. La idea de que los hombres eran los únicos capaces de dirigir los hogares o el gobierno seguía prevaleciendo, y pasarían cientos de años antes de que la mayoría de las mujeres pudieran volver a tener propiedades. Por ejemplo, hasta el siglo XX no se aprobaron leyes en todos los estados de EE. UU. que permitieran a las mujeres el derecho a su propio dinero o la capacidad de tener propiedades a su nombre. Sin embargo, cualquier movimiento, aunque no tenga un éxito inmediato, sienta las bases para los futuros. La libertad de la que disfrutaron las mujeres, aunque fuera temporal, seguramente influyó en los derechos de las mujeres en el futuro.

Arte

Como ya se ha mencionado, la expresión artística fue increíblemente importante durante la peste negra. Durante esta época, se produjo un notable aumento de los motivos de muerte. Muchas de las obras de arte realizadas durante la peste eran muy oscuras y, curiosamente, mucho menos grandiosas que muchas de las obras que se habían producido antes de la pandemia.

Arquitectura

Otra área que experimentó un cambio drástico fue el diseño de la arquitectura. A medida que el mundo empezó a comprender mejor cómo se movía la enfermedad por el mundo, surgió la necesidad de rediseñar las ciudades y los edificios.

Muchas ciudades se expandieron. Muchas de ellas se habían superpoblado, con mucha gente de las clases bajas obligada a vivir en viviendas extremadamente estrechas e insalubres. Cuando el mundo empezó a comprender que la ventilación y un buen saneamiento eran herramientas importantes para ayudar a combatir la plaga, se empezaron a construir más viviendas para repartir a la población. También se hizo hincapié en proporcionar mayores espacios al aire libre dentro de las ciudades, donde la gente pudiera respirar aire fresco sin estar hacinada en el interior.

La peste negra también requirió la construcción de varios hospitales de peste. Estos debían ser edificios sanitarios y organizados donde la gente pudiera aislarse de los sanos y morir dignamente. Aunque no todos los hospitales estuvieron a la altura de estos ideales, el trazado de estos hospitales sirvió de modelo para futuras instalaciones médicas.

Pero no fue solo el diseño de una ciudad lo que cambió durante y después de la pandemia. Fueron los propios edificios.

Antes de que la peste negra comenzara a asolar Europa, la arquitectura había sido bastante elaborada. El gótico francés era el estilo dominante. Es conocido por sus grandes arcos apuntados y sus ventanas. La catedral de Notre Dame es un ejemplo bastante conocido de un bello edificio gótico francés. Sin embargo, tras la peste negra, se produjo un marcado declive de este estilo opulento. En su lugar, la construcción tendió hacia lo que hoy se conoce como gótico perpendicular. Este estilo era muy diferente del que tanto había gustado antes. Era bastante sencillo y presentaba ángulos y líneas mucho más duros. Había muy pocos adornos decorativos y los edificios adquirían un aspecto más bien frío y autoritario.

La arquitectura ha cambiado a lo largo del tiempo, y no es raro que las tendencias cambien tras un acontecimiento importante, pero lo interesante es intentar determinar por qué se pusieron de moda estilos concretos. Existen algunas teorías.

Algunos historiadores sugieren que el cambio en la arquitectura tuvo poco que ver con la peste en absoluto. Se sugiere que los diseños perpendiculares ya se estaban poniendo de moda incluso antes de que llegara la peste negra y que este cambio se atribuyó falsamente a la peste en lugar de a un cambio natural en las tendencias.

Otra teoría es que este cambio en la arquitectura estuvo relacionado con la pérdida masiva de vidas experimentada durante la pandemia. Se cree que el cambio se debió a la pérdida de expertos en el campo de la arquitectura. Los diseños góticos franceses son tan elaborados y detallados que los trabajadores tardaron muchos años en perfeccionar su oficio. Es posible que muchas personas con conocimientos en estas áreas murieran y que seguir construyendo en este estilo después de la peste negra simplemente no fuera posible.

Una tercera teoría sugerida se refiere al costo. Durante la peste se produjo un drástico aumento de la inflación, así como una demanda desesperada de trabajadores críticos en áreas como la agricultura. Esto podría haber significado que la construcción de edificios bellos y elaborados ya no era económicamente viable. Los edificios afilados y angulosos del periodo gótico perpendicular podrían haber sido el resultado de la reducción de costos de la mano de obra.

Cualquiera que fuera la razón, el gótico perpendicular, también conocido con el tiempo como arquitectura Tudor, siguió siendo el estilo dominante hasta el cambio a la arquitectura renacentista a mediados del siglo XVI.

Cambio de creencias

Como se mencionó en el capítulo 5, la religión desempeñó un papel importante en la respuesta a la peste negra. Sin embargo, es poco probable que los líderes religiosos previeran el descenso de la fe que provocó la terrible enfermedad.

La impotencia de la iglesia para impedir la propagación de la peste negra creó mucha ira y resentimiento hacia Dios y los líderes religiosos. La iglesia tardó bastante tiempo en reparar esta división. Sus esfuerzos también se vieron obstaculizados porque habían muerto muchos sacerdotes. Aunque no sería preciso decir que la iglesia perdió su poder, definitivamente vio un declive en sus números, ya que mucha gente se volvió hacia otras formas de espiritualidad o hacia grupos más extremistas, como el movimiento de los flagelantes.

Lo que podría ser una afirmación más exacta es que mucha gente perdió su creencia en la iglesia. Las creencias fundamentales del catolicismo seguían inculcadas en la población general de Europa, pero gran parte del descontento se dirigía a la iglesia. La gente buscaba consuelo y la posibilidad de ser absuelta de sus pecados, pero la fuerte disminución de clérigos disponibles dificultaba esta tarea. Aunque esto no estaba bajo el control de la iglesia, no impidió que los católicos se enfadaran por ello y buscaran consuelo de cualquier forma que pudieran.

Para ilustrar mejor las dificultades en las que se encontraba la Iglesia católica, es importante hablar de cuántos clérigos murieron. En ciertas partes de Inglaterra, el número de muertos rondó el 50%, mientras que en una diócesis de Barcelona, los clérigos se enfrentaron a una tasa de mortalidad del 60% en el momento álgido de la peste. Incluso se ha sugerido que los líderes de la iglesia se infectaron y murieron en mayor número que el público en general debido a que estaban constantemente consolando y rezando por los enfermos.

Aunque la Iglesia empezó a recuperar gradualmente su antiguo esplendor, las ideas cambiantes sobre cómo debía funcionar ya se habían puesto en marcha. Se formaron nuevas congregaciones y muchos católicos empezaron a redefinir sus expectativas sobre la iglesia y la religión. Aunque no fue la única causa, este cambio de actitud contribuyó a dar lugar a la Reforma en el siglo XVI. Esta fue una revolución religiosa que condujo a la formación del protestantismo, otra rama importante del cristianismo. Una de las creencias fundamentales durante el inicio del protestantismo era que la Iglesia católica había caído en la corrupción y se había alejado de los valores más importantes de la fe. Así, el protestantismo se creó con la idea de corregir los errores que se habían cometido y crear una fe más pura.

Esto, por supuesto, condujo a otros movimientos de fe independientes. Una vez más, estos movimientos no se oponían a la idea de Dios mismo, sino al poder dominante que durante tanto tiempo había estado en manos de la Iglesia católica.

La peste negra provocó enormes cambios en el panorama político, social y económico de Europa. Aunque muchas normas cambiaron durante esta época, las tratadas en este capítulo fueron algunas de las más llamativas y bien documentadas.

Capítulo 8: Avances científicos tras la peste negra

La peste negra sigue fascinando a los científicos y al público en general hasta nuestros días. Durante mucho tiempo, la causa de la misma fue totalmente incomprendida. Se consideraba un castigo de Dios o un mal que simplemente había llegado flotando en una ola de aire viciado.

Quizá recuerde también la teoría de los cuatro humores, que persistió durante generaciones.

Sin embargo, a medida que pasaba el tiempo y la peste bubónica seguía reapareciendo cada pocos años, hubo algunos que se volvieron comprensiblemente escépticos. Si la peste era realmente un castigo de Dios o era simplemente el desequilibrio de los fluidos dentro del cuerpo, entonces ¿por qué no desaparecía tras arrepentirse de los pecados o drenar la sangre?

La teoría de los gérmenes tardó mucho tiempo en ganar adeptos. A lo largo de los siglos XVII y XVIII se había debatido sobre el tema. En 1665, Robert Hooke fue capaz de explicar con precisión al mundo cómo funcionaban las estructuras fructíferas de los mohos. Y poco más de una década después, Antoni van Leeuwenhoek descubrió las bacterias. Sin embargo, a pesar de estos prometedores descubrimientos, aún pasarían más de doscientos años hasta que se encontrara la causa oficial de la peste negra.

En el siglo XIX se produjeron varios avances importantes en la comprensión de las enfermedades infecciosas. Hasta ese momento, la teoría predominante en torno a las enfermedades era que eran el resultado de algo llamado generación espontánea.

La generación espontánea es la idea de que la vida (y las bacterias están incluidas dentro de ella) podría simplemente aparecer de forma espontánea. Por ejemplo, alguien que creyera en esta teoría podría pensar que los ratones simplemente aparecerían en la comida que se hubiera dejado fuera o que los gusanos simplemente surgirían de la carne de un cadáver en descomposición. Esta idea de que la vida podía llegar espontáneamente, a veces a partir de materia no viva, fue esencial para descubrir la verdadera causa del funcionamiento de la peste negra.

Louis Pasteur no estaba convencido de que la generación espontánea fuera cierta, así que se propuso realizar algunos experimentos para contradecir la teoría. En un experimento, preparó un poco de caldo dentro de un compartimento especial que estaba completamente sellado de cualquier aire exterior. Pasteur ya había estado explorando la teoría de los gérmenes y la fermentación durante algún tiempo, por lo que ya creía plenamente en la teoría de los gérmenes. Pero si la idea de la generación espontánea era cierta, entonces el caldo debería haber podido estropearse incluso dentro de su compartimento sellado al aire.

Sin embargo, la conjetura de Pasteur sobre la generación espontánea resultó ser correcta. Cuando el caldo permaneció sellado, no mostró signos de haber sido afectado por microorganismos. No se echó a perder, sino que permaneció incontaminado. Pero cuando Pasteur rompió finalmente el precinto, el líquido empezó a estropearse casi al instante.

Este experimento abrió la puerta a una comprensión mucho mayor de cómo se producen las enfermedades. El trabajo de Pasteur creó cambios masivos en las normas de seguridad en torno a los alimentos. Una vez que se supo que las enfermedades y la fermentación se producían debido a una fuente externa, fue mucho más fácil trabajar en métodos para evitarlo. Su trabajo condujo finalmente al descubrimiento de la pasteurización. Se trata de un proceso que ha hecho que muchos productos, como el vino, los huevos y la leche, sean mucho más seguros de consumir. Antes de la pasteurización, no era raro contraer enfermedades graves debido a las bacterias presentes en diferentes productos alimentarios. La leche cruda era una culpable especialmente maligna.

Hoy en día, muchos países tienen leyes en torno a la pasteurización y la venta de leche cruda. Aunque la venta de leche cruda en Estados Unidos está permitida en determinadas circunstancias, se encuentra bajo una regulación bastante estricta, y por una buena razón. La leche cruda puede ser portadora de salmonela, estafilococos y listeria, entre otras muchas bacterias nocivas. Un estudio de las enfermedades relacionadas con el consumo de leche cruda en Estados Unidos entre los años 1998 y 2018 vio que la leche cruda era responsable de 202 brotes diferentes. Estos brotes causaron 2.645 enfermedades y más de 200 hospitalizaciones. También se descubrió que las zonas que permitían la venta de leche cruda registraron más del triple de brotes que las zonas en las que estaba prohibida. Este estudio demostró la eficacia tanto de la pasteurización como de las leyes que regulan la venta de leche cruda.

La pasteurización ha evolucionado desde que se desarrolló por primera vez, y existen dos formas diferentes en las que se realiza habitualmente. En Estados Unidos, la mayor parte de la leche se pasteuriza en un proceso conocido como pasteurización a alta temperatura y corta duración (HTST, por sus siglas en inglés). La HTST puede realizarse en grandes cantidades de leche al mismo tiempo, lo que resulta rentable y, por tanto, es un proceso atractivo para los productores lácteos. Sin embargo, este tipo de pasteurización, aunque elimina las bacterias, no tiene una vida útil muy larga. Por lo general, debe consumirse en unas pocas semanas, y tiene que refrigerarse para que siga siendo segura para beber.

Fuera de Norteamérica, la forma más popular de pasteurización es algo llamado pasteurización tratada con ultra calor, o UHT para abreviar. Este proceso de pasteurización calienta la leche a una temperatura más alta que la utilizada en la HTST, lo que también da lugar a un sabor ligeramente diferente al de la leche que puede estar acostumbrado a beber en Estados Unidos. La leche UHT no necesita refrigeración y puede durar tres meses en la estantería.

Este avance en la comprensión de la teoría de los gérmenes condujo a otras medidas de seguridad alimentaria, incluido el tratamiento de los huevos. Una vez más, la elección del tratamiento varía mucho entre el enfoque norteamericano y el que adoptan muchos países europeos y otras zonas del mundo cuando se trata de prevenir enfermedades graves transmitidas por los alimentos.

Una de las principales preocupaciones relacionadas con el consumo de huevos es el riesgo de salmonela. La contaminación por salmonela suele estar causada por bacterias que llegan a la cáscara del huevo. Esto se debe al exceso de material molido y heces que suele haber en los gallineros y las fábricas. La salmonela también puede aparecer bajo la cáscara si la gallina ponedora sufre una infección interna.

Debido al riesgo de salmonela, se convirtió en una práctica común en Norteamérica que los productores de huevos sometieran todos sus huevos a un enérgico proceso de limpieza en cuanto los ponían. Esto libra a las cáscaras de cualquier bacteria dañina y, en teoría, los hace seguros para el consumo.

Sin embargo, este proceso acaba causando otro problema potencial, ya que despoja al huevo de una pequeña capa protectora conocida como cutícula. La cutícula es lo que ayuda al huevo a protegerse de las bacterias que atraviesan la cáscara y penetran en el huevo, lo que abre la posibilidad de que la salmonela siga presente en su interior. Por ello, en Norteamérica los huevos deben refrigerarse y se recomienda cocerlos antes de consumirlos.

En Europa, existe una ley que prohíbe lavar los huevos para mantener intacta la cutícula. Los huevos se conservan en la estantería en lugar de en el frigorífico. Esto se hace para evitar que se formen bacterias en el interior del huevo al pasar de temperaturas frías a cálidas.

Con ambos métodos se han reducido las enfermedades transmitidas por los alimentos. Sin embargo, es difícil determinar si un método es superior. Las diferencias en el número de habitantes dificultan la obtención de estudios comparables. No obstante, este tipo de cambios dentro de la seguridad alimentaria pueden remontarse a la teoría que ayudó a descubrir la bacteria causante de la peste negra.

Por supuesto, con cualquier avance de la ciencia, llega un grupo de escépticos. Cuando se sugirió por primera vez la pasteurización de la leche en el estado de Nueva York, se encontró con bastante resistencia. No fue hasta que los índices de enfermedades transmitidas por los alimentos disminuyeron drásticamente cuando empezó a adoptarse de forma generalizada en todo el país.

Incluso hoy en día, hay algunos grupos que afirman que la leche pasteurizada es perjudicial o menos nutritiva que la leche cruda. Por lo general, estas afirmaciones han sido realizadas por individuos sin formación científica, y todas ellas han sido desestimadas por las principales organizaciones sanitarias de Estados Unidos.

Otro ámbito que sufrió una gran transformación en parte debido a la peste negra fue el sistema sanitario en su conjunto. Antes de que la peste negra se abriera paso por Europa, muchos profesionales de la medicina operaban a nivel individual. Había muy poca supervisión, y la idea de establecer reglamentos para la salud de toda la sociedad no era especialmente común.

Después de que Edwin Chadwick hiciera las recomendaciones relativas a las medidas de saneamiento, las ciudades de todo el mundo empezaron a reevaluar su forma de ver la salud pública. Aunque la comprensión de la época aún se centraba en la teoría del miasma, los cambios realizados en ese momento sentaron las bases para las agencias sanitarias de hoy en día.

Las encuestas sanitarias se convirtieron en algo habitual. En ellas se examinaban distintas zonas y se medían los índices de enfermedades en ellas para ayudar a determinar qué estaba causando un aumento de la enfermedad o la muerte en las distintas poblaciones. Esta es una práctica que continúa en la actualidad y es increíblemente útil para ayudar a iniciar el cambio social. Las encuestas sanitarias se realizan a través de cosas como el censo o midiendo las aguas residuales en diferentes zonas para detectar las tasas de enfermedad.

Este tipo de trabajo condujo finalmente a la creación de varias agencias sanitarias, así como a una mejor supervisión y procedimientos sanitarios en los hospitales. Esto, a su vez, también ayudó a desarrollar mejores sistemas de gestión del agua, lo que contribuyó a reducir el número de personas que enfermaban a causa del agua potable contaminada.

Todo este trabajo derivó en otros avances positivos en los sistemas sanitarios. En Estados Unidos, aumentó el interés por financiar instituciones diseñadas específicamente para ayudar a las personas que luchaban contra su salud mental. Antes, lo habitual era simplemente encerrar en la cárcel a las personas con problemas de salud mental, pero a finales del siglo XIX se abrieron muchas instituciones de salud mental con el propósito expreso de ayudar a hacer frente a este problema.

Por desgracia, estas primeras instituciones no eran especialmente útiles. Con frecuencia practicaban métodos extremadamente perturbadores e ineficaces, como la terapia de electroshock y las lobotomías. Sin embargo, esta temprana separación de las instituciones de salud mental del sistema de justicia penal sentó las bases para las diferentes instalaciones de salud mental transformadoras y útiles que existen hoy en día en todo el mundo.

Vinagre y calor

Como recordará de nuestro capítulo sobre las diversas curas y tratamientos que la gente utilizó durante las primeras oleadas de la peste negra, había muchos ingredientes cuestionables. Gran parte de ello se debía al malentendido sobre cómo se contraía exactamente la enfermedad. Sin embargo, aunque las teorías detrás de algunos de los métodos eran incorrectas, resulta que no todos los tratamientos que la gente probó eran inútiles.

Uno de los tónicos más populares que se aplicaron durante la peste negra fue el tónico de vinagre de los cuatro ladrones. Se decía que frotándolo sobre el cuerpo se evitaba que la peste lo infectara a uno. Esto no es del todo cierto, pero hay cierta validez en los poderes desinfectantes del vinagre.

Un estudio de 2014 descubrió que el ácido acético, que es el ingrediente activo del vinagre, puede ser un eficaz asesino de micobacterias. Este estudio se realizó concretamente sobre la bacteria causante de la tuberculosis tras exponerla al ácido acético durante treinta minutos.

Aunque se trata de un descubrimiento emocionante, existen algunos inconvenientes. El vinagre puede ser eficaz contra ciertas bacterias, pero no es tan potente y fiable como los desinfectantes comerciales. Por lo general, tampoco es capaz de matar un porcentaje tan elevado de bacterias como algo como la lejía. No obstante, sus beneficiosas cualidades desinfectantes pueden ser de gran utilidad para quienes no puedan permitirse el uso de productos comerciales. El vinagre también es menos peligroso que otros desinfectantes, que a veces pueden crear vapores muy tóxicos si se utilizan incorrectamente. (Esto también puede ocurrir con el vinagre. La combinación de vinagre y lejía puede crear rápidamente un gas de cloro altamente venenoso que puede ser letal).

Aunque puede que el vinagre no sea la elección adecuada como desinfectante en todas partes, sin duda tiene sus beneficios. Durante la peste negra, a menudo se utilizaba como un frotado preventivo en lugar de como un limpiador, lo que podría haberlo hecho más eficaz para las personas que esperaban escapar de la plaga. Es muy probable que el vinagre contribuyera a ayudar a algunas personas a evitar la infección, y hoy en día es una herramienta barata y eficaz para ayudar a la gente a mantenerse a salvo de las enfermedades.

Otro método que no se utilizaba correctamente, pero que aún tenía cierta validez era el uso del fuego para disipar o prevenir enfermedades. Aunque se pensaba que el fuego libraría a una persona de la enfermedad, el beneficio real de utilizar el calor para combatir la peste es que el calor elevado es capaz de matar las bacterias. Por eso se recomienda cocinar algo como el pollo, que es un culpable común de las enfermedades transmitidas por los alimentos.

Aunque el papa Clemente VI probablemente evitó la peste negra debido a su continuo aislamiento, el constante estado de calor en sus aposentos podría haber ayudado a protegerlo de las bacterias si alguien más entraba en la habitación.

El calor es uno de los métodos más eficaces que tenemos hoy en día contra las enfermedades. Como ya hemos mencionado, la pasteurización es un método que utiliza calor elevado para impedir el crecimiento bacteriano. El calor también es un método comúnmente utilizado para la esterilización de equipos médicos. Aunque también se utilizan otros métodos, como los desinfectantes, muchos utensilios se limpian con un método de vapor caliente.

Los ciudadanos también utilizan el calor para protegerse a diario. La gente hierve agua, cocina alimentos y esteriliza productos sanitarios en agua hirviendo para protegerse de contraer infecciones. Es una herramienta sencilla, eficaz y asequible para mantener a todo el mundo a salvo.

Aunque el calor es un método legítimo para destruir bacterias, es importante conocer los requisitos específicos de su situación. Dependiendo de lo que esté tratando de limpiar y de su elevación, diferentes artículos necesitan diferentes cantidades de tiempo para ser considerados seguros. También es necesario que los alimentos o los artículos no comestibles se desinfecten a temperaturas superiores a 149 grados Fahrenheit (65 °C). Puede que le interese saber que esto es en realidad por debajo de la temperatura de ebullición. Sin embargo, hervir suele ser una buena medida para saber que ha alcanzado la temperatura correcta sin tener que echar mano de un termómetro.

Epidemiología

En términos generales, la epidemiología es el estudio de los patrones y la propagación de las enfermedades. A lo largo de la historia, los médicos han tratado de encontrar alguna lógica y comprensión detrás de por qué las enfermedades se propagan tan rápido o por qué algunas personas parecen enfermar mientras que otras logran escapar de una enfermedad.

Durante mucho tiempo, gran parte de la epidemiología primitiva estuvo ligada a las conjeturas, la religión y las observaciones que se podían hacer a simple vista. No fue hasta finales del siglo XVII cuando se creó un microscopio lo suficientemente potente como para ver algunas de las bacterias que ahora sabemos que son responsables de las enfermedades.

Con los descubrimientos del Dr. John Snow se produjo un gran cambio en el campo de la epidemiología. Gracias a sus hallazgos, se determinó que el cólera se propagaba a través del agua contaminada. El agua de Londres empezó a tratarse con cloro y las tasas de cólera disminuyeron.

Unas décadas después de las conclusiones de Snow en torno al cólera, Joseph Lister comenzó a desinfectar el instrumental médico y las heridas del paciente antes de la cirugía, lo que redujo en gran medida el shock séptico durante los procedimientos médicos. En la actualidad, esta es una práctica habitual en todo el mundo.

También en el siglo XIX se realizaron los experimentos de Robert Koch. Este apoyó aún más la teoría de los gérmenes al hacer el descubrimiento de que gérmenes específicos eran los responsables de enfermedades como el cólera, el ántrax y la tuberculosis.

Ya hemos hablado de las contribuciones de Pasteur a la seguridad alimentaria gracias a su estudio de la fermentación y a los trabajos que demostraron que la teoría de la generación espontánea era incorrecta. Pero hubo otra gran contribución de Pasteur a la ciencia y a la comprensión y prevención de las enfermedades: la creación de vacunas.

A finales del siglo XIX, el gobierno francés regaló a Pasteur un laboratorio. El laboratorio le fue entregado con la esperanza de que pudiera dirigir su energía al estudio de las enfermedades.

En ese momento ya se había producido la primera vacunación, pero no había seguido la misma ciencia que se convirtió en norma hasta hace unos años, cuando las vacunas de ARN entraron en escena.

Durante algún tiempo se pensó que la mejor forma de prevenir las enfermedades era exponerse a ellas a propósito. Cosas como las «fiestas del sarampión» han pasado de moda, aunque son formas incorrectas de protegerse contra las enfermedades. Si bien es cierto que sobrevivir a una enfermedad puede proporcionar potencialmente a su cuerpo inmunidad contra ella, eso sigue requiriendo que resista la infección inicial, algo que no todo el mundo consigue. Además, los efectos a largo plazo de cualquier tipo de infección podrían ser extremadamente perjudiciales para la salud.

Así que, durante el siglo XIX, cuando todavía se pensaba que la exposición podía ser la mejor cura, un granjero llamado Benjamin Jesty empezó a experimentar con la viruela bovina para prevenir la contracción de la viruela. En aquella época, la viruela era un asesino muy grave, que normalmente dejaba un 30% de muertos entre los infectados.

Jesty había oído anteriormente historias sobre cómo aquellos que habían sido infectados con viruela bovina, una infección cutánea común en los animales de granja, eran incapaces de contraer la viruela.

Increíblemente, sin ningún tipo de formación científica, Jesty se encargó de infectar a propósito a su mujer y a sus hijos con una lesión de viruela bovina que había descubierto en uno de sus animales de corral. Sorprendentemente, esta técnica demostró ser eficaz y ahora se acepta generalmente como el punto de partida de las vacunas modernas.

Cabe señalar que este descubrimiento se atribuye a menudo a un médico llamado Edward Jenner. Efectivamente, Jenner realizó más pruebas para confirmar que la viruela bovina era eficaz para combatir la infección de viruela, pero esto se hizo varios años después basándose en el trabajo de Jesty.

Años más tarde, cuando Pasteur empezó a trabajar en el laboratorio, volvió sobre esta primera vacuna y decidió dedicar sus investigaciones a encontrar vacunas para otras enfermedades. Razonó que si se había encontrado una para la viruela, entonces tenía sentido que todas las enfermedades debían tener algo que las combatiera con éxito.

Aunque al principio eligió estudiar algunas formas diferentes de enfermedad, finalmente se centró en un tipo específico de cólera que afecta a los pollos. Al principio, experimentó infectando a propósito a los pollos con versiones vivas del cultivo de cólera, pero tras múltiples ensayos, acabó obteniendo siempre los mismos resultados: los pollos enfermaban y muchos de ellos morían.

A pesar de la impresionante historia científica y el increíble genio de Pasteur, uno de los mejores elementos de la historia de cómo encontró la vacuna es el hecho de que ocurrió en parte por casualidad.

Tras un tiempo experimentando, Pasteur se ausentó de la ciudad durante unos días. Cuando regresó a la ciudad, inyectó el cultivo a los pollos como había hecho muchas veces antes, con la diferencia de que esta vez ninguno enfermó.

Mientras había estado fuera, los propios cultivos habían muerto, por lo que eran incapaces de infectar a su huésped. Aquí es donde se creó realmente un momento histórico. Pasteur podría haber supuesto, muy comprensiblemente, que los cultivos eran inútiles. Una vez que se dio cuenta de que estaban muertos, habría tenido todo el sentido del mundo que volviera a empezar con un cultivo vivo y continuara por el camino equivocado de la exploración. Sin embargo, aunque estaba claro que trabajaba con un cultivo atenuado, decidió seguir experimentando. Y decidió inyectar a los pollos sanos un cultivo vivo de cólera aviar.

Lo que ocurrió a continuación lo cambió todo: los pollos no enfermaron. Pasteur se dio cuenta entonces de que una versión inofensiva de una bacteria o un virus tenía el potencial de proteger el sistema inmunitario contra el desarrollo de infecciones. En mayo de 1881, puso esto a prueba ante un público.

Pasteur tomó una versión atenuada (debilitada o muerta) del ántrax y la inyectó en ovejas, algunas vacas y una cabra. También dispuso de la misma cantidad y distribución de animales a los que no se inyectó el ántrax debilitado y los utilizó como grupo de control en el experimento.

Unas semanas más tarde, Pasteur y el público volvieron a reunirse para la segunda parte del experimento. Fue entonces cuando Pasteur inyectó la bacteria viva a todos los animales. Solo dos días después, las ramificaciones del descubrimiento de Pasteur estaban claras. Todos los animales de control estaban enfermos o muertos, y todos los animales que habían sido inoculados dos semanas antes gozaban de perfecta salud.

Este temprano éxito en los experimentos con vacunas de Pasteur lo llevó a trabajar en enfermedades que también afectaban a los humanos. Pronto creó una vacuna eficaz contra la rabia y, a partir de ese momento, el apoyo público a la investigación sobre vacunas creció enormemente. Con el tiempo se desarrollaron vacunas contra diversas enfermedades, como la poliomielitis, la hepatitis A y B y las paperas. El descubrimiento de las vacunas cambió el curso de la historia de la medicina y ha salvado innumerables vidas. La vacuna anual contra la gripe que la gente recibe en todo el mundo es el resultado del desarrollo de una vacuna debido a la gran mortandad que provocó la gripe española de 1918. Es una herramienta increíblemente importante para la prevención de enfermedades y mucha gente considera a Pasteur un héroe.

Descubrimiento de *Y. pestis* y cura de la peste negra

Ahora, después de todo lo que ha aprendido sobre el número de muertos y los preocupantes resultados de la peste bubónica, vamos a sumergirnos en cómo se descubrió su causa y cómo se desarrolló finalmente un tratamiento eficaz.

Como recordará de nuestro capítulo inicial, el origen de la peste fue descubierto por Alexandre Yersin en 1894. El propio Yersin pasó algún tiempo en el Instituto Pasteur, donde trabajó en la innovación de vacunas. Comparte con Émile Roux el descubrimiento de la toxina de la difteria. Sin embargo, es el descubrimiento por parte de Yersin de la bacteria responsable de la peste negra por lo que es más famoso.

Increíblemente, tan solo dos años después del descubrimiento de Yersin, ya se utilizaba un antisuero eficaz para tratar a los pacientes que habían enfermado de peste negra. Este profundo conocimiento de la causa de la enfermedad fue el verdadero principio del fin de su dominio sobre el mundo.

El antisuero, que es un tratamiento a base de sangre que contiene los anticuerpos necesarios para luchar contra la enfermedad, fue el método estándar para combatir la peste negra hasta la década de 1930, cuando los tratamientos con antisuero fueron sustituidos por un fármaco que inhibía la multiplicación de *Y. pestis*. Durante los veinte años siguientes, se desarrollaron otros tratamientos que finalmente desembocaron en el tratamiento antibiótico estándar y eficaz que se sigue utilizando en la actualidad.

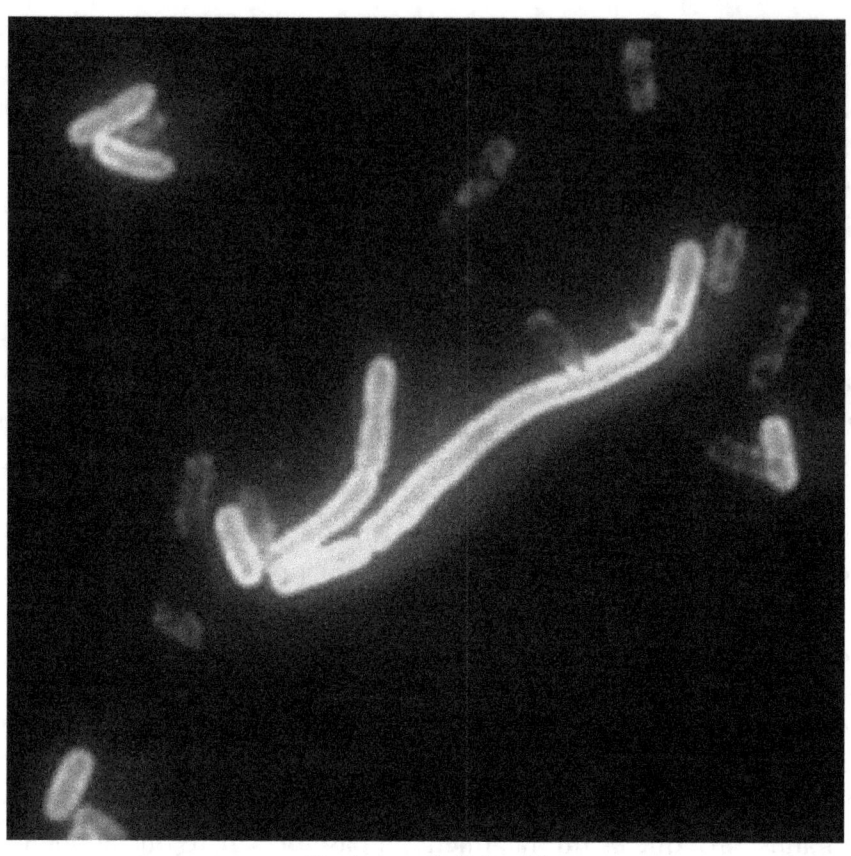
Una imagen de Y. Pestis[9]

Tras el descubrimiento de Yersin, también se desarrolló una vacuna para ayudar en la prevención de la peste negra. Aunque las vacunas también eran eficaces, no se utilizaron tan ampliamente como otras. En ese momento, las tasas de peste ya estaban disminuyendo, y el uso de las vacunas se reservó predominantemente a los soldados que servían en zonas donde había tasas más altas de la enfermedad. Hoy en día, prácticamente no se utiliza la vacuna contra la peste negra. En cambio, la gente simplemente tiene que tomar un tratamiento de antibióticos para librarse de los síntomas.

Aunque la peste es tratable en la actualidad, aún puede provocar la muerte si no se atiende con la suficiente rapidez. Los resultados son mejores si se prescriben antibióticos en las veinticuatro horas siguientes a la aparición de los síntomas, por lo que es muy importante que cualquier persona que sospeche que ha contraído la enfermedad acuda inmediatamente a un médico o a urgencias.

En la actualidad, Estados Unidos suele registrar unos siete casos de peste bubónica al año. Suele encontrarse en zonas más rurales, donde puede haber sido transmitida a los humanos por los animales. Los brotes graves de la enfermedad son poco probables gracias a los tratamientos eficaces, pero sigue siendo importante que se tome en serio. Si alguien no puede acceder a un tratamiento o no se lo puede permitir, entonces es posible que la enfermedad se propague rápidamente, por lo que el tratamiento rápido debe estar al alcance de todos para que podamos mantener los horrores de la peste negra en el pasado.

Aunque la peste negra fue la pandemia más destructiva de la historia, ayudó a crear innovaciones médicas y sistemas de saneamiento que han cambiado el mundo para mejor. Sin una pérdida de vidas tan trágica, quizá no hubiera existido el mismo interés por la epidemiología ni la insistencia en el cambio social. Aunque fue un acontecimiento horrible que se prolongó durante cientos de años, podría decirse que cambió el mundo para mejor.

Capítulo 9: Consecuencias económicas y sociales

La peste negra tuvo enormes consecuencias económicas y sociales en la vida de las personas de todo el mundo. En Europa, Asia y el norte de África, casi no había nadie que no hubiera sufrido el impacto de la peste negra. Muchas de las conversaciones en torno a los impactos de la peste negra se centran en la economía, como los cambios que se produjeron en el mercado laboral. Son conversaciones importantes y revisaremos la importancia de este asunto más adelante en este capítulo. Sin embargo, hay otro asunto que no siempre recibe la atención que merece: el impacto que la peste negra tuvo en la salud mental de las personas.

Hace muy poco que el estigma en torno a la salud mental ha empezado a desaparecer. Durante mucho tiempo, afecciones como la depresión y la ansiedad, así como los trastornos psiquiátricos, se consideraban algo vergonzoso. Muchas personas ocultaban sus diagnósticos o intentaban fingir que no los tenían. Afortunadamente, la sociedad por fin está empezando a hablar en serio de los problemas de salud mental. Aunque todavía nos queda un largo camino por recorrer, hay mucha más comprensión sobre la salud mental de la que ha habido nunca.

Sin embargo, si solo ahora estamos empezando a aceptar plenamente la importancia de cuidar de la propia salud mental en el año 2023, probablemente pueda imaginar qué tipo de recursos podría haber tenido a su disposición alguien que viviera una pandemia sin precedentes en el año 1337.

Para comprender mejor el impacto que la peste negra tuvo en la salud mental, veamos primero lo que los traumas hacen en el cerebro.

El trauma se define como una experiencia profundamente angustiosa o perturbadora. El trauma puede ser un acontecimiento singular o continuo. Mientras que algunas personas pueden creer que el trauma es algo que simplemente se experimenta y luego se deja pasar, se ha demostrado que el trauma puede realmente cambiar la química de su cerebro.

Cuando alguien se encuentra en un entorno seguro, es capaz de utilizar eficazmente su córtex prefrontal. Esta es la parte de planificación del cerebro. Ayuda al pensamiento racional y a la toma de decisiones. Su buen funcionamiento es crucial para ayudarnos a mantenernos seguros y a tomar decisiones lógicas.

Cuando experimentamos un acontecimiento traumático, el córtex prefrontal no es capaz de funcionar como debería. En su lugar, entra en un circuito de miedo. Cuando la corteza prefrontal está en este modo, es muy difícil para una persona pensar o actuar racionalmente. Pueden enfadarse, entumecerse y apagarse, huir físicamente o disociarse mentalmente.

Esta respuesta natural al trauma puede ser muy difícil de entender para las personas que nunca han experimentado este fenómeno. Ha causado muchos problemas durante los juicios cuando las víctimas de agresiones físicas o sexuales suben al estrado. A menudo, debido a esta alteración del córtex prefrontal de la víctima, puede que no actúen de la manera que usted cree que «deberían». Sin embargo, su capacidad de pensamiento racional se vio gravemente comprometida debido al trauma que sufrieron.

El trauma también puede tener un profundo efecto en la memoria. Durante este estado, su cerebro no es capaz de procesar y codificar los recuerdos como lo hace normalmente, por lo que es muy común que las personas que han sufrido un trauma tengan muchas lagunas en el recuerdo de los acontecimientos. A veces, acontecimientos enteros estarán en blanco en la mente de alguien.

Por supuesto, la esperanza es que alguien que ha sufrido un trauma grave pueda acceder a la ayuda que necesita. Sin embargo, ese tipo de profesionales médicos no estaban ampliamente disponibles durante la Edad Media. Aunque las prácticas terapéuticas están documentadas desde la antigua Grecia, durante la peste negra no era habitual recibir ayuda para los traumas. Además, con una pérdida de vidas tan drástica, conseguir ayuda incluso para las necesidades más básicas era a menudo un reto, ya que murieron muchos médicos.

En un artículo de Erin Carty, se analiza cómo la peste alteró por completo el comportamiento de la gente. La peste negra fue un asesino sin discriminación. No importaba la edad, la raza, la religión o el estatus económico; iba por todos. Esto creó una enorme sensación de pánico, paranoia y desesperanza.

Este sentimiento es evidente en la respuesta que muchos católicos tuvieron hacia su iglesia durante la pandemia. La iglesia sufrió una pérdida devastadora de clérigos, lo que provocó que la institución no pudiera atender las necesidades de todos sus miembros. Algunas parroquias cerraron por completo y otras se vieron desbordadas por las peticiones de misas, ceremonias fúnebres y absolución.

Sea cual sea su relación con la iglesia, es de esperar que los católicos hubieran sentido cierta simpatía por la situación sin precedentes en la que se encontraba la iglesia. La pérdida de vidas dentro de la iglesia no había sido por culpa suya. De hecho, como se mencionó anteriormente, el gran número de muertos dentro de la iglesia podría haberse debido a la sobreexposición del clero a los enfermos mientras intentaban llevar a sus seguidores algo de consuelo en sus últimos días.

Sin embargo, la compasión no fue la respuesta dada por muchos miembros de la iglesia. En cambio, se culpó a la iglesia de su falta de número y de su incapacidad para satisfacer las demandas que se le hacían. Los miembros buscaron otros medios de consuelo, como unirse al controvertido movimiento de los flagelantes o iniciar nuevas ramas del cristianismo. Aunque ciertamente había algunos que ya debían estar descontentos con la iglesia antes del comienzo de la peste negra, es interesante preguntarse cuántos habrían tenido una respuesta tan visceral a los problemas de la iglesia si todo el continente no hubiera experimentado un grave trauma al mismo tiempo.

Uno de los efectos que el trauma tuvo en las personas que vivieron la peste negra fue una mayor preferencia por el aislamiento. El miedo a contraer la enfermedad era tan grande que estar solo se convirtió en la única forma que algunas personas conocían de sobrevivir. Por supuesto, esto se vio exacerbado por las extensas cuarentenas que la gente debía cumplir. Aunque las cuarentenas son una medida preventiva necesaria para limitar la propagación de enfermedades, también pueden tener profundas repercusiones en la salud mental de las personas. Los seres humanos prosperan con la conexión. El contacto humano es esencial para la salud y la felicidad. De hecho, el tacto es tan importante que los bebés que no reciben suficiente contacto físico de sus padres pueden enfermar, tener un desarrollo atrofiado o incluso morir.

Algunas de las personas que vivieron la pandemia también podrían haber estado en cuarentena con seres queridos que murieron. En algunos casos, la gente podría haber acabado atrincherada en sus casas con seres queridos fallecidos durante semanas. Este horror inimaginable añade un peso casi insoportable a una situación ya de por sí difícil.

Las personas que sufren un trauma pueden llegar a desarrollar una serie de problemas de salud mental, como la dependencia del alcohol y la adicción al sexo. Sin recursos para el tratamiento en aquellos tiempos, muchas personas sufrían estos problemas durante el resto de sus vidas.

Otra consecuencia social que se desarrolló a partir del trauma de la peste negra fue un aumento de la xenofobia y el antisemitismo. Aunque ya nos hemos referido al antisemitismo que proliferó durante la peste negra, también existía una desconfianza y un recelo masivo hacia los inmigrantes e incluso hacia las personas que procedían de regiones o pueblos diferentes.

Cuando la gente está asustada o enfadada, suele buscar a alguien a quien culpar. Cuando no hay una persona o un grupo al que se pueda responsabilizar, la gente suele decidir culpar a quien parezca o tenga un aspecto diferente al suyo. Así, la gente empezó a culpar a personas de otros lugares o a personas que pertenecían a una clase inferior a la suya. Este es un patrón que se ha repetido a lo largo de la historia. Lo hemos presenciado muy recientemente con el drástico aumento de los crímenes de odio perpetrados contra los de ascendencia asiática.

Lamentablemente, este comportamiento solo contribuye aún más a los sentimientos de paranoia y soledad. En tiempos difíciles, la gente busca una sensación de control. Para algunos, eso puede significar ayudar a los demás, pero para muchos, significa echar la culpa y alejar a la gente. A veces incluso desemboca en violencia.

La gente se volvió cada vez más protectora de sus propias comunidades. En algunas zonas de Europa, se exigía a los visitantes que pasaran por un intenso proceso de inspección y, en algunos casos, ni siquiera se les permitía entrar en los límites de la ciudad. Esto era especialmente cierto en el caso de los comerciantes, que, aunque prestaban un servicio esencial, a menudo eran culpados de la propagación de la peste.

Nadie experimenta un trauma de la misma manera. Para algunos, vivir la peste negra los convirtió en personas mejores y más compasivas. Les acercó a su fe y les dio un renovado aprecio por la vida. Pero para muchos otros, destrozó su sentido de sí mismos y su relación con el mundo que los rodeaba. Muchos experimentaron colapsos completos y se retiraron totalmente de sus vidas y de sus obligaciones personales y profesionales. Algunos perdieron la capacidad de funcionar y nunca más pudieron recuperar nada que se pareciera ni remotamente a su vida anterior.

Antes de pasar a algunos de los otros grandes cambios y consecuencias de la peste negra, hay algo importante que debe mencionarse: la cuestión de la propia culpa. Por supuesto, es natural querer comprender los orígenes de algo como la peste negra. De hecho, hacerlo es una parte importante para aprender a evitar que algo así vuelva a ocurrir en el futuro. Sin embargo, desconfiar de todo un grupo étnico o reaccionar violentamente contra los demás nunca es una respuesta adecuada.

Auge del antisemitismo

El auge del antisemitismo y la respuesta de las autoridades al mismo sentaron un peligroso precedente para los años venideros. Los casos de antisemitismo ya habían estado creciendo en toda Europa antes del inicio de la pandemia, pero aumentaron drásticamente una vez que la enfermedad se afianzó.

Como ya se ha mencionado, mucha gente simplemente utilizó la peste negra como excusa para convertir a la comunidad judía en chivo expiatorio y promulgar su odio sin consecuencias. Y para muchos, no hubo consecuencias por sus acciones.

Aunque algunas autoridades se pronunciaron contra el maltrato y el asesinato de judíos, hubo muchas otras que se quedaron de brazos cruzados. A veces, los funcionarios del gobierno y los líderes eclesiásticos incluso alentaban los ataques.

En un estudio realizado por Finley y Koyama, se descubrió que los ataques a la comunidad judía eran mucho más graves en las ciudades gobernadas por dirigentes católicos. En esas ciudades, los judíos solían ser asesinados en cantidades extremadamente elevadas. A veces, su población era eliminada por completo.

Las ciudades gobernadas por un líder laico registraron índices de persecución mucho más bajos, lo que habla a las claras de la vendetta que los católicos tenían contra los judíos.

Esta ambivalencia general o el descarado fomento de la masacre del pueblo judío sentaron las bases para futuros ataques antisemitas. Dejada sin control, condujo finalmente al intento de genocidio del pueblo judío por parte de los nazis en la Segunda Guerra Mundial. Al final de la guerra, seis millones de judíos habían sido asesinados.

Durante la pandemia más reciente, se difundió la misma mentira con respecto a la comunidad judía, que de alguna manera habían diseñado y propagado la enfermedad con el objetivo de hacer crecer su propia población. Desde entonces, el mundo ha observado un repunte de los delitos de odio antisemita. A pesar de nuestro increíble acceso a los acontecimientos mundiales y a la historia, parece que estamos continuamente condenados a repetir nuestros errores del pasado. Por eso es tan importante seguir aprendiendo y difundiendo conocimientos.

Inflación y trabajo

Como es habitual en la mayoría de las pandemias, tras ellas aumentaron las tasas de inflación. El estancamiento de todo sistema comercial hizo que los bienes fueran mucho más difíciles y caros de adquirir, y la pérdida de trabajadores también hizo subir el costo de la mano de obra. Esto creó una intensa frustración en la clase alta, pero el mayor costo de la mano de obra acabó por cambiar el tejido de la sociedad.

Europa había funcionado anteriormente bajo un sistema feudal, con una clara separación entre los señores y sus siervos. Los salarios más altos elevaron de repente a muchos antiguos campesinos a un nivel diferente de la sociedad, y así nació la clase media.

A medida que más y más gente empezó a ganarse la vida decentemente, se produjo un aumento de la demanda de productos que antes habrían sido inalcanzables para los trabajadores. Incluso con la inflación, la gente estaba ansiosa por gastar el dinero que tanto le había costado ganar. Después de todo, había habido muy poco que celebrar durante muchos años, y entre oleadas de la plaga, la gente hacía todo lo posible por disfrutar de lo que la vida tenía que ofrecer.

La creación de la clase media fue decisiva para ayudar a la recuperación de la economía, así como para proporcionar una mejor calidad de vida a una gran parte de la población. Si no se hubiera producido la peste negra, no se sabe cuánto tiempo habría permanecido vigente el sistema feudal.

Durante mucho tiempo, la clase media fue un nivel de riqueza que mucha gente aspiraba a disfrutar. Esto se debía a que la gente de la clase media vivía generalmente una vida cómoda y feliz. Era habitual que las personas de la clase media se aseguraran un trabajo cómodo y pudieran permitirse una casa y alguna que otra comodidad o indulgencia.

La clase media se expandió durante muchos años. En los años setenta, los adultos de clase media en Estados Unidos se situaban en el 61%. Sin embargo, en los últimos veinte años, esa cifra ha descendido. En 2021, el porcentaje se situaba en el 50 por ciento. Por supuesto, esto significa que la clase alta ha crecido, pero también significa que la clase baja se ha expandido también.

La división tajante entre las clases alta y baja es un fenómeno que también ha ocurrido en otros países del mundo. Actualmente, hay varios ataques contra los sindicatos y las protecciones y regulaciones laborales en todo el mundo. Muchas personas tienen que mantener varios empleos para llegar a fin de mes y están siendo expulsadas de las grandes ciudades. Los empleos estables y fijos a menudo están siendo sustituidos por trabajos temporales sin estabilidad ni pensiones. Sin embargo, muchos de los cambios laborales masivos que tuvieron lugar tras la primera oleada de la peste negra tardaron varios años, en algunos casos décadas, en organizarse. Si nos remontamos a lo que ocurrió en el siglo XIV, tal vez podamos vislumbrar lo que nos depara el futuro.

Seguridad

Una cosa es cierta: La peste negra hizo del mundo un lugar más seguro. La naturaleza extrema de la enfermedad obligó a las autoridades a realizar cambios masivos en la forma en que se diseñaban los edificios, las ciudades y las instalaciones sanitarias. También ayudó a crear muchas prácticas alimentarias seguras y sistemas de purificación del agua.

Por supuesto, no todos estos avances fueron consecuencia directa de la peste negra, pero muchas de las investigaciones y experimentos que condujeron a estos avances comenzaron por el deseo desesperado de frenar la propagación de la peste. Estos cambios en la sociedad no solo mejoraron la calidad de vida de los supervivientes, sino que la prolongaron. Y estos cambios siguieron mejorando con el tiempo. Hoy, muchos de nosotros tenemos el privilegio de vivir en ciudades que cuentan con sistemas avanzados para tratar y procesar los alimentos y el agua. También contamos con laboratorios, hospitales y escuelas de vanguardia que trabajan constantemente para comprender mejor las enfermedades infecciosas, de modo que podamos detectarlas y tratarlas en cuanto aparecen.

Política

La última área que cubriremos en este capítulo es cómo la peste negra cambió la política.

Cuando la peste negra afectó drásticamente al mercado laboral, también se produjo un cambio en el panorama político. Antes de la llegada de la peste bubónica, muchos de los miembros con menos ingresos de la sociedad habían sido privados de sus derechos y no tenían mucho poder en el sistema político.

Mientras que los sistemas políticos podrían haber permanecido bastante inalterados en las zonas que no experimentaron un número extremadamente alto de víctimas mortales, se produjo un cambio drástico en las zonas que sí lo hicieron. Esto creó un cambio en la mano de obra e introdujo la clase media. Estos miembros recién elevados de la sociedad tuvieron de repente voz en la política y pudieron ocupar puestos de poder, así como votar a funcionarios que realmente consideraban que actuarían en su mejor interés. Antes de la peste negra, la política había estado controlada por los miembros de la élite de la clase alta, que, por supuesto, trabajaban duro para continuar con las prácticas explotadoras del sistema feudal.

Este cambio en la política creó un mayor equilibrio entre puntos de vista opuestos y, con el tiempo, dio lugar a los sistemas de partidos, que hoy en día son comunes en muchos países de todo el mundo.

En una entrevista con Gingerich y Vogler, se habló de cómo el cambio político fue mucho más lento en las regiones que no habían experimentado un alto número de muertes. Los sistemas feudales estaban más rigurosamente protegidos en estas zonas, y la supresión de votantes entre los líderes conservadores era rampante. La desigualdad de tierras en las zonas con muchas pérdidas disminuyó enormemente, y la calidad de vida general de todos en esas zonas mejoró.

Por supuesto, estos investigadores tuvieron en cuenta las diferencias obvias en la pérdida de vidas en las distintas zonas debido a las diferencias de densidad entre las situaciones rurales y urbanas. En general, era habitual que las zonas rurales tuvieran mejores resultados en cuanto a muertes, simplemente porque había menos gente para propagar la enfermedad. Las zonas rurales tenían una población más dispersa, lo que significaba una mejor ventilación y un distanciamiento social preestablecido. Sin embargo, la contrapartida para estas zonas parecía ser que tardaron más en ponerse al día con los cambios sociales y económicos positivos tras la desaparición de la primera oleada de la peste.

A pesar de que algunas regiones progresaron más lentamente que otras, es un hecho indiscutible que la peste negra cambió para siempre la faz de la política.

Son muchos los cambios sociales y económicos que se produjeron como consecuencia de la peste negra. Algunos han sido ampliamente estudiados, mientras que otros se han perdido y olvidado en el tiempo. Una vez más, estos temas proporcionan una valiosa lección de la que esperamos poder aprender para evitar que se cometan los mismos errores en el futuro.

Conclusión

Nadie quiere imaginar el peor de los escenarios. La peste negra fue un acontecimiento horrible que cambió permanentemente el curso de la historia. Hay tanta gente que nunca llegó a realizar sus sueños a causa de esta enfermedad. Quién sabe qué arte, descubrimientos científicos y avances sociales podríamos haber tenido mucho antes si la peste negra nunca hubiera ocurrido. Pero hay otra pregunta válida que hacer que es la opuesta a esa. ¿Cuánto más tarde habríamos tenido algunas de estas cosas si no hubiera ocurrido?

¿Habría habido un interés tan intenso por las bacterias y el origen de las enfermedades si no hubiera ocurrido la peste negra? ¿Sería la democracia la misma si no hubiera ocurrido? ¿Seguiríamos funcionando bajo un sistema feudal?

Aunque algunas de estas cuestiones puedan parecer risibles, no son del todo ridículas. En este libro se han dado varios ejemplos de cómo la historia se ha repetido tras traumas similares, a pesar de que existen tantos recursos que detallan cómo acabaron antes esas mismas elecciones. A veces, lo único que realmente puede sacudir a una sociedad y crear un cambio significativo es un acontecimiento catastrófico como la peste bubónica.

Eso no quiere decir que una pandemia sea la única forma de cambiar el *statu quo*. Ha habido muchos movimientos a lo largo de la historia que han conseguido cambiar sistemas sociales muy arraigados gracias a organizaciones de base y a una gran pasión por la causa. Pero es innegable que la peste negra dio lugar a algunos cambios positivos importantes.

Incluso ahora, muchas poblaciones de todo el mundo, incluido Estados Unidos, viven dentro de un sistema controlado predominantemente por unos pocos ricos. Los que se encuentran en el tramo impositivo más alto ocupan generalmente los puestos más poderosos de la política, controlan los grupos de reflexión y las corporaciones globales, y controlan el costo de la vida y los salarios. ¿Es exagerado imaginar que algunos de estos políticos y directores ejecutivos podrían operar cómodamente dentro de un sistema feudal si se les diera la oportunidad?

¿Y cómo sería hoy la atención sanitaria sin el impacto de la peste negra? Aunque hubo otras enfermedades que causaron muertes masivas, no hubo nada tan grave como la peste bubónica. ¿Es posible que la pérdida de vidas por otras dolencias no se hubiera considerado lo suficientemente devastadora como para iniciar una investigación más profunda?

Sin el descubrimiento de la teoría de los gérmenes, todavía podríamos estar sentados junto a las aguas residuales con la esperanza de alejar las enfermedades. Eso podría no ser difícil porque todavía estaríamos arrojando nuestros residuos a la calle. De nuevo, esto puede parecer tonto y un poco difícil de imaginar, pero recuerde que los humanos pueden ser lentos para cambiar y a menudo repiten errores anteriores. Si recordamos la pandemia de gripe española de 1918, podría parecer imposible que alguien reaccionara negativamente ante medidas básicas de salud pública, a las que la gente se resistía entonces. Y el mismo argumento volvió a aparecer unos cien años después.

La peste negra nos demostró que las pandemias no tardan en avivar la animadversión y el odio. Avivan la impotencia y la desesperanza, y la gente suele recurrir a la ira y a opiniones extremistas cuando se enfrenta a estos sentimientos. La larga historia de este patrón puede ayudarnos a aprender a tener respuestas más mesuradas ante acontecimientos trágicos como este. Porque otra cosa que la peste negra nos ha enseñado es que las pandemias seguirán llegando. Sin embargo, depende de nosotros decidir cómo respondemos a ellas.

El miedo y el aislamiento que se producen como consecuencia de una pandemia son perjudiciales para nuestra salud y para la sociedad en general. Para crear un mundo mejor, necesitamos avanzar para abrazar la curiosidad y la compasión, porque normalmente hay algo mejor al otro lado.

Vea más libros escritos por Enthralling History

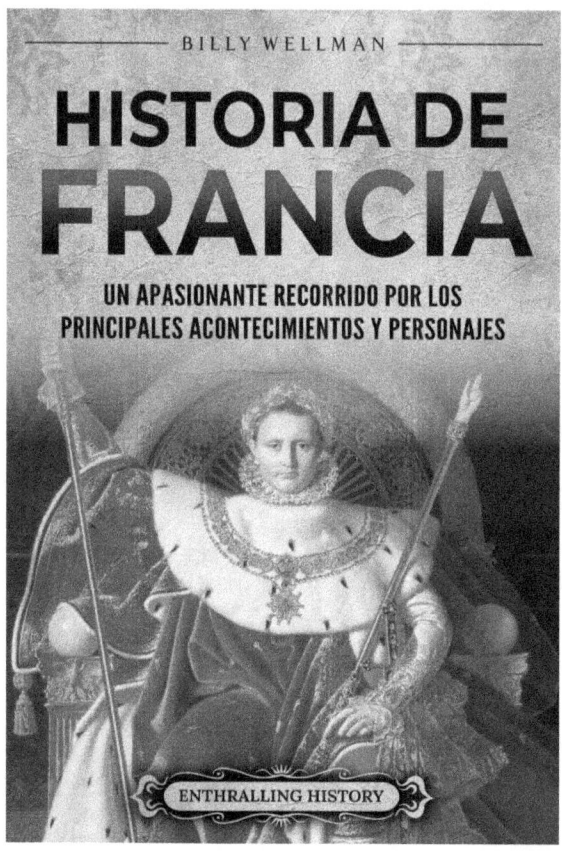

Bibliografía

https://study.com/learn/lesson/the-four-humors-blood-phlegm-black-bile-yellow-bile.html

https://www.folger.edu/blogs/shakespeare-and-beyond/the-four-humors-eating-in-the-renaissance/

https://curiosity.lib.harvard.edu/contagion/feature/humoral-theory

http://exhibits.usu.edu/exhibits/show/bookofsecretes/medicine

https://www.tehrantimes.com/news/415195/Sanguine-temperament-Specifications-and-lifestyle

https://www.worldhistory.org/article/1540/medieval-cures-for-the-black-death/

https://bcmj.org/premise/history-bloodletting

https://www.popularmechanics.com/science/a32759535/newton-toad-vomit-plague-cure/

https://www.sciencedirect.com/science/article/pii/S0378874121007649

https://www.oxfordreference.com/display/10.1093/oi/authority.20110803100046308;jsessionid=8FE8751E77C563B813D981AD9A6BA156

https://www.businessinsider.com/labor-shortage-history-black-death-plague-king-pay-increase-serfdom-2021-12

https://www.historic-uk.com/HistoryUK/HistoryofEngland/Wat-Tyler-the-Peasants-Revolt/

https://www.wondriumdaily.com/how-the-church-handled-the-black-death-in-the-14th-century/

https://artincontext.org/black-death-art/

https://www.montana.edu/historybug/yersiniaessays/medrano.html#:~:text=El%20trauma%20del%20Negro,luego%20poetizado%2C%20y%20finalmente%20pintado.

https://momentmag.com/why-were-jews-blamed-for-the-black-death/

https://www.worldhistory.org/article/1541/religious-responses-to-the-black-death/

https://www.britannica.com/event/Western-Schism

https://www.historicmysteries.com/avignon-captivity/

https://www.britannica.com/event/Avignon-papacy

https://jewishreviewofbooks.com/articles/9866/jews-genes-and-the-black-death/#

https://historyinnumbers.com/events/black-death/flagellants/#:~:text=Octubre%201349%20%E2%80%93%20el%20mes%20que,as%20Shi'a%20Islam).

https://source.colostate.edu/penance-and-plague-how-the-black-death-changed-one-of-christianitys-most-important-rituals/

http://web.stanford.edu/class/history13/Readings/MichaelDol.htm#:~:text=La%20reacción%20musulmana%20ante%20los,funerales%20en%20masa%20en%20las%20moscas.

https://knowledge.uchicago.edu/record/3111?ln=en

https://egrove.olemiss.edu/cgi/viewcontent.cgi?article=1682&context=hon_thesis

https://www.worldhistory.org/article/1541/religious-responses-to-the-black-death/

https://www.crf-usa.org/bill-of-rights-in-action/bria-26-2-the-black-death-a-catastrophe-in-medieval-europe.html#:~:text=La%20Respuesta%20de%20Religión%20y,las%20escuelas%20médicas%20existieron%20en%20Europa.

https://www.ncbi.nlm.nih.gov/pmc/articles/PMC9949692/

https://academic.oup.com/jsh/article/45/3/809/1746067

https://www.history.com/news/quarantine-black-death-medieval

https://time.com/5799525/coronavirus-covid19-quarantine-ships-history/

https://bigthink.com/health/what-ended-the-black-death-historys-worst-pandemic/#:~:text=El%20debilitamiento%20eventual%20de%20la,ralentización%20de%20la%20marcha%20del%20terror%20de%20la%20plaga.

https://www.history.com/news/pandemics-end-plague-cholera-black-death-smallpox

https://www.britannica.com/biography/Sir-John-Pringle-1st-Baronet

https://health.mil/News/Articles/2021/07/01/Evolution-MHS-MSMR

https://www.wearewater.org/en/sewage-the-trace-of-our-history_281141

https://taras.org/2020/10/10/a-short-history-of-solid-waste-management/#:~:text=Durante%20siglos%20sin%20residuos%20organizados,la%20basura%20era%20una%20práctica%20común.

https://education.nationalgeographic.org/resource/natural-selection/

https://www.nih.gov/news-events/nih-research-matters/how-black-death-shaped-human-evolution#:~:text=Investigadores%20identificaron%20variantes%20genéticas%20que,aumentan%20la%20susceptibilidad%20a%20enfermedades%20autoinmunes.

https://journals.sagepub.com/doi/full/10.1177/18344909211034257

https://sphweb.bumc.bu.edu/otlt/mph-modules/ph/publichealthhistory/publichealthhistory7.html

https://www.thelancet.com/journals/lancet/article/PIIS0140-6736(15)61231-4/fulltext

https://www.britannica.com/topic/feudalism

https://egrove.olemiss.edu/cgi/viewcontent.cgi?article=1682&context=hon_thesis#:~:text=Cuando%20la%20Muerte%20Negra%20golpeó%20a%20Europa%20en%201347%2C%20su%20vulnerabilidad%20a%20la%20sociedad%20cristiana.https://dc.cod.edu/cgi/viewcontent.cgi?article=1657&context=essai#:~:text=El%20médico%20griego%20Hippocrates%20(c,pestilencia%20(Sterner%2C%201).

https://www.livescience.com/2497-black-death-changed-world.html

https://www.thehealthy.com/food/why-europeans-dont-refrigerate-eggs/

https://www.cdc.gov/foodsafety/rawmilk/rawmilk-outbreaks.html

https://blog.smartsense.co/louis-pasteur-pasteurization

https://www.britannica.com/story/louis-pasteurs-contributions-to-science#:~:text=El%20trabajo%20del%20pastor%20con%20microorganismos%20en,del%20cuerpo%20por%20microorganismos.

https://www.ncbi.nlm.nih.gov/pmc/articles/PMC3940030/#:~:text=El%20ácido%20acético%20(vinagre)%20es%20un%20desinfectante%20de%20ácidos%20orgánicos.

https://bio.libretexts.org/Bookshelves/Microbiology/Microbiology_(Boundless)/10%3A_Epidemiología/10.01%3A_Principios_de_Epidemiología/10.1A%3A_Historia_de_Epidemiología

https://www.thelancet.com/journals/lancet/article/PIIS0140-6736(06)69878-4/fulltext

https://www.cdc.gov/vaccines/vpd/vaccines-diseases.html

https://www.who.int/news-room/spotlight/history-of-vaccination/a-brief-history-of-vaccination#:~:text=ElDr%20Edward%20Jenner%20creó%20la,viruela%20vacuna%20inmune%20a%20la%20viruela.&text=En%20mayo%2016%2C%20médico%20inglés,la%20mano%20de%20una%20sirvienta%20lechera.

https://www.vbivaccines.com/evlp-platform/louis-pasteur-attenuated-vaccine/

https://sciencehistory.org/education/scientific-biographies/louis-pasteur/#:~:text=Durante%20los%20medios%2D%20a%20fines,cólera%2C%20ántrax%2C%20y%20rabia.

https://www.sciencefocus.com/the-human-body/epidemiology-a-timeline-of-discoveries/

https://www.aaas.org/discovery-bacteria#:~:text=Dos%20hombres%20se%20acreditan%20hoy,el%20descubrimiento%20de%20bacterias%20en%201676.

https://curiosity.lib.harvard.edu/contagion/feature/germ-theory

https://www.pasteur.fr/en/research-journal/news/alexandre-yersin-man-who-discovered-bacterium-responsible-plague

https://www.cnn.com/2020/08/19/health/bubonic-plague-2020-california-wellness/index.html

https://www.healthline.com/health-news/seriously-dont-worry-about-the-plague#Heres-how-the-plague-spreads

https://www.nature.com/articles/s41586-022-04800-3

https://www.science.org/content/article/gene-helped-people-survive-black-death-come-haunt#:~:text=El%20equipo%20identificó%20una%20astonasa,llamada%20endoplasmic%20reticulum%20aminopeptidase%202.

https://www.sciencedirect.com/science/article/pii/S1198743X14608582

https://www.ncbi.nlm.nih.gov/books/NBK218224/

https://www.unco.edu/assault-survivors-advocacy-program/learn_more/neurobiology_of_trauma.aspx#:~:text=Cuando%20alguien%20experimenta%20un%20trauma,todos%20lo%20tenemos%20dentro%20de%20nosotros.

https://www.wvdhhr.org/birth23/raunewsletters/RAU7_Summer2018_PPNewsletter.pdf

https://pdxscholar.library.pdx.edu/cgi/viewcontent.cgi?article=1197&context=younghistorians#:~:text=La%20ausencia%20de%20seguridad%20en%20la%20función%20de%20la%20sociedad.

https://jogh.org/2022/jogh-12-03015

https://www.pewresearch.org/short-reads/2022/04/20/how-the-american-middle-class-has-changed-in-the-past-five-decades/

https://www.khanacademy.org/humanities/whp-origins/era-5-the-first-global-age/52-old-world-webs-betaa/a/read-trade-networks-and-the-black-death-beta

https://www.brown.edu/Departments/Italian_Studies/dweb/plague/effects/social.php#:~:text=Desde%20que%20fue%20tan%20difícil,la%20nueva%20subida%20de%20sueldos.

https://www2.gwu.edu/~iiep/assets/docs/papers/2020WP/JedwabIIEP2020-14.pdf

https://www.ohchr.org/en/press-releases/2020/04/rise-antisemitic-hatred-during-covid-19-must-be-countered-tougher-measures

https://news.virginia.edu/content/qa-new-research-reveals-political-changes-wrought-black-death

https://www.ncbi.nlm.nih.gov/books/NBK218224/

https://www.ncbi.nlm.nih.gov/pmc/articles/PMC3559034/

https://www.history.com/news/quarantine-black-death-medieval#

https://www.sciencemuseum.org.uk/objects-and-stories/medicine/bubonic-plague-first-pandemic

https://education.nationalgeographic.org/resource/silk-road/

https://www.worldhistory.org/article/1540/medieval-cures-for-the-black-death/

https://www.nytimes.com/2022/06/15/health/black-death-plague.html#:~:text=Los historiadores%20trazaron%20el%20camino%20de%20la%20epidemia,África%20y%20el%20Oriente%20Medio.

https://www.nationalgeographic.com/history/article/plague-doctors-beaked-masks-coronavirus

Fuentes de imágenes

[1] Este archivo está bajo licencia Creative Commons Atribución-Compartir bajo la misma licencia 4.0 Internacional; https://en.wikipedia.org/wiki/File:1346-1353_spread_of_the_Black_Death_in_Europe_map.svg

[2] https://commons.wikimedia.org/wiki/File:Paul_F%C3%BCrst,_Der_Doctor_Schnabel_von_Rom_(coloured_version).png

[3] https://commons.wikimedia.org/wiki/File:Great_plague_of_london-1665.jpg

[4] https://commons.wikimedia.org/wiki/File:Bubonic_plague_victims-mass_grave_in_Martigues,_France_1720-1721.jpg

[5] https://commons.wikimedia.org/wiki/File:Burying_Plague_Victims_of_Tournai.jpg

[6] https://commons.wikimedia.org/wiki/File:The_Triumph_of_Death_by_Pieter_Bruegel_the_Elder.jpg

[7] https://commons.wikimedia.org/wiki/File:Doutielt1.jpg

[8] https://commons.wikimedia.org/wiki/File:Nuremberg_chronicles_-_Flagellants_(CCXVr).jpg

[9] https://commons.wikimedia.org/wiki/File:Yersinia_pestis_fluorescent.jpeg

www.ingramcontent.com/pod-product-compliance
Lightning Source LLC
Chambersburg PA
CBHW070340010526
44107CB00004B/568